L'ANNÉE DU FOOTBALL

SO FOOT

L'ANNÉE DU FOOTBALL

SO FOOT

2022

MARABOUT

Sommaire

ACCOR LIVE LIMITLESS

« Karim Benzema et Thibaut Courtois ont conduit le Real au titre, mais ils restent dépendants d'un projet et n'auraient pas réussi ces prouesses seuls. La base, c'est toujours le collectif. »

« LES JOUEURS NE SONT PAS DES ROBOTS »

par Bruno Genesio

« C'était une belle saison, une belle année de football. À commencer par le championnat de France, où il y a eu beaucoup de très bons matchs avec des équipes aux schémas différents, mais avec de l'ambition dans le jeu. On se rend compte qu'il y a des tendances qui reviennent. Je pense par exemple aux systèmes à trois défenseurs, utilisés par les Allemands ou même les Brésiliens dans le passé, avant que cela ne se perde. Au fond, on n'invente pas grand-chose dans le foot. Il y a des évolutions, des adaptations, mais aussi des valeurs sûres très simples auxquelles on revient régulièrement. Comme d'habitude, Manchester City a été intéressant à regarder, avec beaucoup de variété dans son jeu, au sein d'un championnat anglais excitant jusqu'au bout. Ce qui ressort, ce sont des équipes très différentes. La finale de la Ligue des champions est un bon exemple : le Liverpool de Jürgen Klopp est une machine ; le Real Madrid n'était sûrement pas l'équipe la plus agréable à regarder jouer, mais elle a profité d'une organisation extraordinaire mise en place par Carlo Ancelotti. Et bien sûr des individualités à chaque ligne avec suffisamment de talent pour faire la différence, et un refus total de la défaite. Karim Benzema et Thibaut Courtois ont conduit le Real au titre, mais ils restent dépendants d'un projet et n'auraient pas réussi ces prouesses seuls. La base, c'est toujours le collectif.

C'était aussi la saison des retrouvailles avec le public depuis le début de la crise sanitaire. Un retour vécu de deux manières différentes. La première, c'est l'inquiétude autour des nombreux incidents dans les stades français. Pour en avoir discuté avec des gens du foot, nous sommes tous inquiets pour notre sport. Il faut prendre les bonnes décisions avant qu'il ne soit trop tard. La deuxième, c'est se rappeler que le foot a besoin du public. C'est un transfert d'émotions, que ce soit de la joie ou de la tristesse.

La société évolue, le foot aussi. Les datas sont présentes partout, de l'analyse des matchs au recrutement. L'humain fait désormais moins partie de l'équation. Ce paramètre a trop tendance aujourd'hui à être minimisé, alors qu'il reste essentiel à notre sport. C'est normal de s'adapter à notre temps, cela permet de progresser à plein de niveaux, mais il existe une dérive vers une robotisation du football. Je garde un excellent souvenir du France-Brésil de 1986, mais l'analyse que l'on va faire aujourd'hui du match ne sera pas du tout la même que celle faite à l'époque. Tout est plus intense en 2022, beaucoup plus intense. Les comparaisons sont cependant difficiles. Par exemple, l'ère de Zinédine Zidane, en 1998, n'est plus du tout la même que celle de Kylian Mbappé actuellement. C'est un autre monde. Il n'y avait pas de réseaux sociaux, et cela a été une révolution. Les joueurs sont dans le contrôle, ils doivent se protéger. Ce ne sont pas des robots, même si l'on tend à leur faire jouer de plus en plus de matchs. L'intérêt économique est compréhensible, mais il est important de se poser les bonnes questions : le spectacle sera-t-il à la hauteur ? La santé des joueurs sera-t-elle en danger dans le futur ? La saison 2022-2023 va être particulière, inédite, avec la Coupe du monde en plein milieu, et même la Coupe d'Afrique des nations dès le mois de juin pour les internationaux africains. C'est un saut dans l'inconnu. »

DI MARÍA
11
NEYMAR JR

LIGUE 1

Paris, champion sans surprise et sans plaisir

Au terme d'un long cavalier seul en tête du classement, le PSG a été sacré champion de France pour la dixième fois de son histoire. Personne n'en a été surpris, même si le jeu déployé par les Parisiens en a souvent déçu plus d'un et que ce titre a été célébré dans une relative indifférence.

Hakimi est comme tout le monde : il se pose des questions sur Sergio Ramos.

Deux joueurs qui ont la chance d'avoir Mbappé dans leur équipe.

« *C'est un moment incroyable et historique, pour le club et le football mondial.* » Nasser al-Khelaïfi n'a pas eu peur d'en faire trop et, au fond, difficile de lui en tenir rigueur. Ce 11 août 2021, il présentait à des journalistes venus en nombre la toute dernière recrue du Paris Saint-Germain : Lionel Messi. Apprendre que le numéro 10 argentin ne prolongerait pas avec le FC Barcelone avait été un coup de tonnerre. Le voir débarquer dans la capitale française en a été un second. Suivie dans le monde entier, l'arrivée de la « *Pulga* » a éclipsé les autres renforts estivaux du PSG. Pourtant, ceux-ci avaient de l'allure, de Gianluigi Donnarumma à Sergio Ramos, en passant par Georginio Wijnaldum, Achraf Hakimi ou Nuno Mendes. Des promesses d'un côté, de l'expérience de l'autre, le tout sans se ruiner. Sur le papier, il s'agissait sans doute du mercato le plus malin mené par les dirigeants parisiens depuis le début de l'ère QSI. Et comme, en plus, Kylian Mbappé n'était déjà finalement pas parti au Real Madrid, toutes les planètes étaient alignées pour assister à un feu d'artifice permanent de la part de la bande de Mauricio Pochettino.

Record égalé, triomphalisme mesuré

Un an après avoir vu le Lille de Christophe Galtier lui voler la vedette, Paris a effectivement récupéré sa couronne nationale. Les partenaires de Marco Verratti étaient nettement au-dessus du lot et ont bien vite pris leurs distances, avec huit victoires lors des huit premières journées de Ligue 1. Longtemps impitoyables, les Parisiens ont certes lâché du lest à la fin de l'hiver (trois revers de rang à l'extérieur). Mais il en aurait fallu bien plus pour relancer une course au titre qui, en réalité, n'a jamais existé. Le PSG n'a pas tremblé. Et n'a pourtant jamais convaincu dans le jeu. Messi, qui a eu du mal à s'adapter à son nouvel environnement, a été plus banal que génial. Victime d'une énième blessure, Neymar n'a atteint un niveau décent que dans les dernières semaines de compétition. Sergio Ramos a passé davantage de temps à l'infirmerie que sur le pré, Wijnaldum a été fantomatique, Mauro Icardi s'est avant tout fait remarquer sur les réseaux sociaux. Pochettino, lui, n'est jamais parvenu à exploiter pleinement le potentiel de son effectif, ni à imposer une identité de jeu claire et affirmée. Quant aux supporters, ils n'ont pas hésité à exprimer leur mécontentement après l'élimination en Ligue des champions. Comme un symbole, c'est dans une ambiance morose, devant un public boudeur et au sortir d'un décevant nul contre dix Lensois (1-1) que les Rouge et Bleu ont timidement célébré leur dixième titre de champion de France, égalant ainsi le record de Saint-Étienne dans une déconcertante indifférence.

L'OM et l'ASM sur la boîte, Bordeaux et Saint-Étienne dans l'ascenseur

Au-delà du sacre attendu du PSG, la Ligue 1 a offert à ses suiveurs un feuilleton spectaculaire et haletant, en haut comme en bas du classement. On

Longtemps impitoyables, les Parisiens ont lâché du lest à la fin de l'hiver. Mais il en aurait fallu bien plus pour relancer une course au titre qui n'a jamais existé.

Les Parisiens soulèvent leur dixième titre de champions de France.

s'est régulièrement emballé devant les deux Racing, de Strasbourg et de Lens, ambitieux avec le ballon, admirables de générosité et qui ont échoué tout près des strapontins européens. On s'est régalé devant le Rennes de Bruno Genesio, redoutable machine offensive ayant finalement accroché la quatrième place. Sur le podium, on a retrouvé deux habitués, Marseille et Monaco. Tantôt survolté, tantôt plus frileux, l'OM de Jorge Sampaoli fait un beau dauphin. Arrivé sur le banc de l'ASM en lieu et place de Niko Kovač, remercié fin décembre, le technicien belge Philippe Clement a d'abord tâtonné. Distancés à la mi-mars, Wissam Ben Yedder (25 buts) et ses coéquipiers sont montés sur la boîte grâce à une incroyable série de neuf victoires, seulement interrompue par un nul à Lens lors de l'ultime journée (2-2). Bien loin de ces préoccupations, Bordeaux et Saint-Étienne ont pour leur part vécu un calvaire. Plombés par une défense catastrophique (91 buts encaissés), les Girondins ont fini derniers et ont été directement relégués, au même titre que Metz. Les Verts, qui avaient confié leur destinée à Pascal Dupraz en cours d'exercice, se sont offert un sursis… avant d'être battus aux tirs au but par Auxerre en barrage. Le chemin du retour dans l'élite risque d'être très long pour ces institutions. •

Ce qu'il faut retenir de

la Ligue 1 2021 - 2022

Le RC Lens de Fofana a largement participé à rendre cette L1 spectaculaire.

La véritable équipe de l'année

On n'attendait pas grand-chose de Strasbourg, qui avait péniblement bouclé l'exercice précédent (15e). Thierry Laurey étant arrivé en fin de cycle, Julien Stéphan a pris le relais sur le banc alsacien. Avec ses idées et sa méthode, l'ancien entraîneur rennais a totalement reboosté le Racing, qui a fait souffler un vent de fraîcheur sur l'Hexagone. Portés offensivement par Ludovic Ajorque, Habib Diallo et le revenant Kévin Gameiro, les Strasbourgeois ont été de véritables poils à gratter dans le haut de tableau, avant de finir aux portes de l'Europe (6es). Rageant… mais aussi très prometteur.

Le malchanceux de l'année

Sacré à huit reprises *pichichi* de la Liga au cours de sa carrière, Lionel Messi ne figurait même pas dans le top 10 des meilleurs buteurs de Ligue 1 en 2021-2022. Pire, il n'a terminé qu'à la 44e place de ce classement individuel avec six pions, soit autant que le défenseur nantais Andrei Girotto. Reconnaissons cependant que la « *Pulga* » a joué de malchance, en voyant onze de ses tentatives être repoussées par les poteaux. Un record sur une seule saison.

L'ÉNORME BIDE

La lutte pour le podium a été très haletante jusqu'aux derniers instants de la saison. Une fois n'est pas coutume, Lyon l'a suivie de loin. De très loin, même, puisque l'OL, déjà distancé à la trêve (11e), n'a pu obtenir mieux qu'une huitième place indigne de son rang. Un coach (Peter Bosz) aux consignes incomprises, un directeur sportif (Juninho) parti en milieu d'exercice, des cadres défaillants, des recrues à l'apport insuffisant, une irrégularité chronique… les raisons de cet échec cuisant sont multiples. Jean-Michel Aulas a-t-il encore la recette du succès ?

LE COUP DE GUEULE

Après de trop longs mois de huis clos, on se faisait une joie de revoir du public dans les stades français. Mais ce qui devait être une fête a trop souvent dégénéré. De la première journée, marquée par l'interruption de Montpellier-OM à cause de jets de projectiles, au barrage retour, conclu par un envahissement de terrain par des supporters stéphanois à l'attitude hostile, la saison a été émaillée par d'innombrables incidents commis en tribunes. Si c'est pour avoir un tel comportement, pourquoi ne pas rester chez soi ?

LE COUP DE CŒUR

À l'échelle de la Ligue 1, Martin Terrier n'est pas un inconnu. De Lille à Lyon, en passant par Strasbourg, l'ailier né à Armentières écume les pelouses de l'élite depuis plusieurs années. Jusque-là, il peinait cependant à donner la pleine mesure de son talent. Mais le joueur de 25 ans a pris une autre dimension en 2021-2022, devenant vite un élément indispensable de la redoutable machine rennaise et inscrivant la bagatelle de 21 buts. Il lui reste désormais à confirmer.

Le match qu'il ne fallait pas rater

Ce derby Nantes-Bordeaux de fin avril n'était pas spécialement excitant sur le papier. Et pourtant, c'est parti dans tous les sens. Les Girondins ont fait le break dans les 20 premières minutes, les Canaris ont recollé juste après la pause. Ce chassé-croisé insensé s'est poursuivi jusqu'à ce que le Bordelais Jimmy Briand rate la balle d'égalisation sur penalty à 4-4... car sur le contre qui a suivi, Osman Bukari a porté le coup de grâce (5-3). Complètement dingue.

La statistique pour briller en société

Sur l'ensemble de la saison de championnat, 1067 buts ont été inscrits au total, ce qui équivaut à une moyenne de 2,81 buts par match. De tels sommets n'avaient plus été atteints depuis 39 ans et l'exercice 1982-1983 (1090 buts, 2,87 par match en moyenne). Alors deux options : soit les attaquants sont extraordinaires, soit les défenses de L1 sont très sympas.

Le nerveux de la saison

Du haut de ses 38 ans, Dante jouit d'une très riche expérience. Défenseur solide sans être trop rugueux, propre dans ses relances comme dans ses interventions, il n'avait été expulsé qu'une seule fois depuis son arrivée à Nice, en 2016. Entre fin février et début avril, le Brésilien a néanmoins écopé de trois cartons rouges en l'espace de… trois matchs successifs, à Strasbourg, Montpellier et Lens. Une fâcheuse série qui fait de lui le joueur le plus souvent renvoyé prématurément aux vestiaires cette saison.

Toujours plus haut, toujours plus fort, toujours plus Mbappé

Tout au long de la saison, Kylian Mbappé a éclaboussé la Ligue 1 de son talent. À la fois meilleur buteur, passeur et joueur du championnat, l'attaquant français a été le grand artisan du sacre du PSG. Où il poursuivra finalement sa carrière, après avoir repoussé une nouvelle fois les avances du Real Madrid.

À gauche, le président du PSG. À droite, l'homme qui décide de tout au PSG.

KM7 a un bon déodorant.

« JE SUIS TRÈS CONTENT DE RESTER À PARIS, DANS MA VILLE. J'AI TOUJOURS DIT QUE C'ÉTAIT MA MAISON. JE VEUX CONTINUER À GAGNER DES TROPHÉES AVEC VOUS TOUS. »

Kylian Mbappé

Sa saison avait commencé sous les sifflets. Elle s'est conclue dans un tonnerre d'applaudissements. Pour la première apparition du PSG à domicile, mi-août 2021 contre Strasbourg, le public du Parc des Princes avait en effet copieusement hué Kylian Mbappé au moment de l'annonce des compositions. En cause : le flou entretenu par le numéro 7 des vice-champions de France au sujet de sa situation contractuelle. Guère désireux de prolonger son bail, il était ardemment courtisé par le Real Madrid, et cela ne le laissait pas insensible. L'hypothèse d'un départ avant la clôture du mercato n'était alors pas à exclure. Les dirigeants madrilènes ont déposé une offre, leurs homologues parisiens l'ont écartée sans sourciller. Le buteur de l'équipe de France a donc continué l'aventure dans la Ville lumière, et les interrogations concernant son avenir sont allées crescendo. Jusqu'au dénouement tant attendu. *« Je suis très content de rester à Paris, dans ma ville. J'ai toujours dit que c'était ma maison. Je veux continuer à gagner des trophées avec vous tous »*, a lâché le joueur de 23 ans devant ses supporters, quelques minutes avant le coup d'envoi du dernier match de l'exercice 2021-2022, face à Metz. Une nouvelle accueillie, cette fois, par des acclamations assourdissantes.

Un double-double inédit

Le Parc était soulagé, d'abord, d'apprendre que son joyau avait prolongé pour trois années supplémentaires. Il était euphorique, de surcroît, puisque l'arrogant Real s'est retrouvé fanny dans cette histoire. Mais s'il était aux anges, c'était aussi et surtout parce que Mbappé l'a comblé de bonheur tout au long de la saison. Lionel Messi a déçu. Neymar a (encore) agacé. Le jeu proposé en a laissé plus d'un sur sa faim. Quant à la déconvenue européenne, elle a suscité courroux et incompréhension. Le gamin de Bondy, lui, n'a jamais cessé d'enchanter son monde. Les chiffres parlent d'ailleurs d'eux-mêmes : avec 28 buts

KM7 a fini meilleur buteur du championnat pour la 4e fois de rang, ce que seuls Carlos Bianchi et Jean-Pierre Papin avaient réussi avant lui.

au compteur (39, toutes compétitions confondues), KM7 a fini meilleur buteur du championnat pour la quatrième fois de rang, ce que seuls Carlos Bianchi et Jean-Pierre Papin avaient réussi avant lui. Il a également terminé meilleur passeur (17 passes décisives), réalisant un double-double inédit dans l'histoire de la Ligue 1 et prouvant avec éclat qu'il avait évolué dans sa façon de jouer. En plus de marquer, il fait marquer les autres. Si le club de la capitale a reconquis sa couronne nationale avec autant de marge sur la concurrence, c'est en grande partie grâce à son attaquant fétiche.

La pierre angulaire du projet PSG

Celui qui a, sans le moindre suspense, une nouvelle fois été élu meilleur joueur du championnat à l'occasion des trophées UNFP a donc encore franchi un palier significatif cette saison. Son statut, d'ailleurs, n'est plus tout à fait le même qu'auparavant. Le jeune prodige en phase d'apprentissage est définitivement devenu un leader aux larges épaules, capable de briller sur la scène nationale et de tenir son rang en Ligue des champions. Certains l'imaginaient en supplétif de Messi et Neymar ? Par la force des choses, ce sont ces deux icônes qui, le plus souvent, ont été reléguées au second plan. En sélection, « Kyky » n'a pas non plus eu peur de boycotter une session d'opérations marketing avec les partenaires de la FFF, posant ainsi sur le bureau d'un Noël Le Graët embarrassé l'épineux dossier des droits d'image collectifs. Enfin, il a osé dire « non » au plus grand club du monde, ce qu'aucun joueur n'avait eu l'outrecuidance de faire jusqu'alors. Maintenant, le PSG sait qu'il doit bâtir autour de lui. « *C'est mon pays, je ne voulais pas partir par la petite porte, même si cela n'aurait pas été le cas. Le projet a changé, et mon histoire ici n'est pas terminée* », a affirmé Mbappé. « *Nous gardons le meilleur joueur du monde,* s'est même félicité Nasser al-Khelaïfi. *Kylian, son rêve, son objectif, c'est toujours de gagner. Il reste ici, car Paris lui donne les meilleures conditions pour réaliser nos objectifs sportifs : gagner, gagner et gagner.* » Tout un programme. •

CLASSEMENT

1	PARIS	86 POINTS
2	MARSEILLE	71
3	MONACO	69
4	RENNES	66
5	NICE	66
6	STRASBOURG	63
7	LENS	62
8	LYON	61
9	NANTES	55
10	LILLE	55
11	BREST	48
12	REIMS	46
13	MONTPELLIER	43
14	ANGERS	41
15	TROYES	38
16	LORIENT	36
17	CLERMONT	36
18	SAINT-ÉTIENNE	32
19	METZ	31
20	BORDEAUX	31

Meilleurs buteurs

Kylian Mbappé (Paris) **28 buts**
Wissam Ben Yedder (Monaco) **25**
Moussa Dembélé (Lyon) **21**
Martin Terrier (Rennes) **21**
Andy Delort (Montpellier, puis Nice) **18**

Meilleurs passeurs

Kylian Mbappé (Paris) **17 passes décisives**
Lionel Messi (Paris) **13**
Benjamin Bourigeaud (Rennes) **13**
Jonathan Clauss (Lens) **11**
Amine Gouiri (Nice) **9**
Kevin Volland (Monaco) **9**
Hamari Traoré (Rennes) **9**
Dimitri Payet (Marseille) **9**

L'équipe type de l'année selon So Foot

Entraîneur : **Bruno Genesio (Rennes)**
Gardien : **Alban Lafont (Nantes)**
Défenseurs : **Jonathan Clauss (Lens) – Marquinhos (Paris) – William Saliba (Marseille) – Caio Henrique (Monaco)**
Milieux : **Seko Fofana (Lens) – Aurélien Tchouaméni (Monaco) – Lucas Paquetá (Lyon)**
Attaquants : **Kylian Mbappé (PSG) – Wissam Ben Yedder (Monaco) – Martin Terrier (Rennes)**

LIGUE 1 UBER EATS

LIGUE 2 BKT

1	TOULOUSE	79 points
2	AJACCIO	75
3	AUXERRE	74
4	PARIS FC	70
5	SOCHAUX	68
6	GUINGAMP	58
7	CAEN	50
8	LE HAVRE	50
9	NÎMES	49
10	PAU	49
11	DIJON	47
12	BASTIA	46
13	NIORT	46
14	AMIENS	44
15	GRENOBLE	44
16	VALENCIENNES	44
17	RODEZ	43
18	QUEVILLY	40
19	DUNKERQUE	31
20	NANCY	27

LIGUE DES CHAMPIONS

Real Madrid puissance 14

Cette saison de la Ligue des champions a confirmé une chose : les pronostics et les paris d'avant-saison ne valent pas grand-chose face à la volonté des dieux du football. Et cette année, pour la quatorzième fois depuis 1956, les dieux du football, c'était le Real Madrid.

Deux choses impossibles dans la vie : toucher son nez avec sa langue et battre le Real en C1.

Le monde à l'envers : Militão dribble Gabriel Jesus (Manchester City).

C'est une phrase qui sera revenue avec régularité, tel un ange gardien pour le Real Madrid et un oiseau de mauvais augure pour ses adversaires. Une phrase qui dit tout et qui, en même temps, n'explique pas à elle seule comment cette équipe aura soulevé chaque montagne, écarté chaque obstacle sur sa route avec une confiance qui frisait l'insolence. Cette phrase, elle a été prononcée par l'ancienne gloire des *Merengues* dans les 80s, Juanito : *« 90 minutes au Bernabéu, c'est très long. »* La lumière lui est venue à la suite d'une défaite 3-1 des siens face à l'Inter Milan, en demi-finales de la Coupe de l'UEFA 1986. Comme un avertissement qu'il y a quelque chose dans ce stade, comme une force un peu surnaturelle qui fait pousser des ailes à ses hommes en blanc. Cette année-là, le Real l'emportera 5-1 après prolongation face aux *Nerazzurri* dans la manche retour et s'envolera vers un deuxième titre consécutif en Coupe de l'UEFA.

Le plus beau parcours de l'histoire ?

Cette saison, ce n'est pas une, mais trois fois que les Madrilènes ont pu compter sur la magie du Bernabéu pour les sortir du pétrin. Et en même temps, jamais ils n'auront semblé douter de leur glorieuse destinée. Pas lorsque le PSG de Kylian Mbappé tenait un avantage de deux buts sur sa pelouse, à 30 minutes de la fin des 8es. Pas lorsque Chelsea leur inscrivait le but du 3-0 à 15 minutes du dénouement au tour suivant. Pas plus lorsque Riyad Mahrez crucifiait Thibaut Courtois à la 73e minute d'une double confrontation exceptionnelle

«90 MINUTES AU BERNABÉU, C'EST TRÈS LONG.»

Juanito

La joie de Vinícius Junior,
unique buteur en finale contre Liverpool.

ON RETIENDRA PEUT-ÊTRE QUE LE SUSPENSE N'EST PAS MORT, QUE LES RETOURNEMENTS DE SITUATION ET LES SURPRISES ONT FAIT LA BEAUTÉ DE CETTE ÉDITION.

en demi-finales. Trois adversaires de prestige, trois retours au Bernabéu et, à chaque fois, des retournements de situation dans les dernières minutes qui ont sculpté cette *Decimocuarta*, avec l'aide de la suppression de la règle du but à l'extérieur. Cet enchaînement pose sans doute le Real en haut du classement très symbolique – et subjectif – des plus beaux parcours de l'histoire de la compétition. Une histoire qui retiendra le triplé de Karim Benzema en 17 minutes face au PSG, à 0-2 ; le but salvateur de Rodrygo face à Chelsea à la 80e minute du match retour, alors que les *Blues*, qui menaient 3-0, avaient pris l'avantage à 4-3 sur l'ensemble des deux rencontres ; le doublé surréaliste du même Rodrygo en deux minutes face à City, dans le temps additionnel de la demi-finale retour. Même les meilleurs scénaristes n'auraient pas osé.

Le rêve brisé des Reds

Dans sa course à la gloire, le Real aura même réussi à écarter une équipe de Liverpool qui semblait être la seule à pouvoir l'arrêter. Si les *Merengues* ont réussi tous leurs rendez-vous avec l'histoire cette saison, les *Reds*, au contraire, les auront loupés. Dix jours avant la finale, les hommes de Jürgen Klopp étaient encore en course pour un quadruplé historique, ayant déjà soulevé les deux coupes nationales et pouvant encore prétendre à la Premier League et à la Ligue des champions. Face à City dans la première, d'un petit point d'écart, et face au Real dans la seconde, d'un petit but, ils ont vu leur rêve leur passer sous le nez. Lors de la finale, qui s'est jouée au Stade de France dans une atmosphère chaotique, Mané, Salah, Thiago et les autres *« ballers »* en rouge auront buté sur Courtois, qui avait sans doute dans sa poche un peu de l'herbe du Bernabéu pour lui porter bonheur. Pour une explication un peu plus terre-à-terre, on dira que le parcours de Liverpool l'a sans doute un peu moins préparé à cette finale que celui du Real. Sur leur route, les *Reds* ont surtout rencontré des outsiders : en huitièmes l'Inter (2-0, 0-1), qui retrouvait les phases finales de la C1 pour la première fois depuis dix ans ; en quarts le Benfica (3-1, 3-3), qui n'a pas fait le poids malgré ses indéniables talents ; et en demies, la grosse surprise Villarreal, qui aura espéré avant de craquer (2-0, 3-2).

Un an après l'épisode Superligue, l'on retiendra sans doute que c'est l'un de ses sécessionistes qui aura soulevé cette trépidante coupe aux grandes oreilles. On retiendra peut-être que le suspense n'est pas mort, que les retournements de situation et les surprises ont fait la beauté de cette édition. On retiendra aussi, enfin, que l'Angleterre et l'Espagne, déjà surpuissantes, ont une nouvelle fois placé quatre clubs dans le dernier carré, dont trois fondateurs de cette fameuse Superligue (le Real, Liverpool et City). Signe peut-être que malgré le suspense, l'illusion ne peut durer qu'un temps. De toute façon, à la fin, c'est toujours le Real qui gagne. Autant que ce soit avec la manière. •

Ce qu'il faut retenir de la Ligue des champions 2021-2022

Le fiasco

À la suite de l'invasion de l'Ukraine, fin février, les premières sanctions symboliques contre la Russie sont venues du monde du sport. Parmi elles, le retrait de la finale de la Ligue des champions, initialement prévue à Saint-Pétersbourg et attribuée à Paris, sur demande du président Macron. Un cadeau empoisonné : mal préparé, l'événement a tourné au vinaigre avec de graves incidents qui ont émaillé le début de rencontre du côté du stade qui accueillait les supporters de Liverpool, et ont même retardé le coup d'envoi de 35 minutes. L'exception culturelle française.

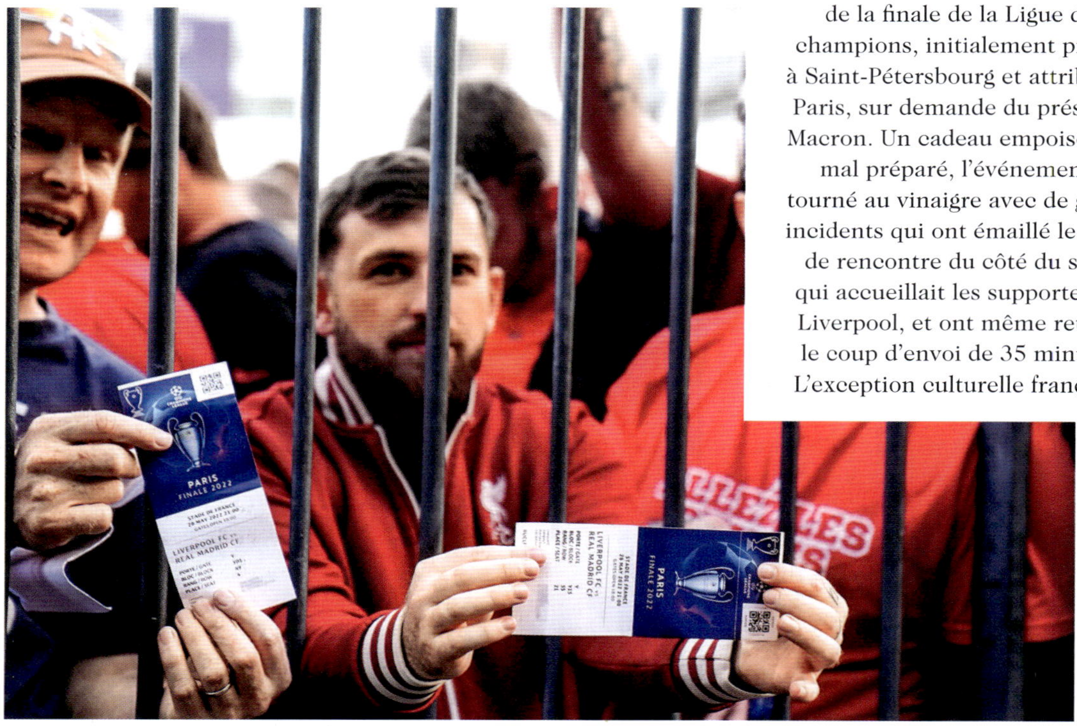

La finale de la Ligue des champions a tourné au cauchemar pour les supporters de Liverpool.

La remontada, épisode III

Le retour des vieux démons. Le Paris Saint-Germain a été la première victime du Real Madrid en phase finale et, comme d'habitude, on se demande si c'est l'adversaire qui a gagné ou si c'est le PSG qui s'est sabordé. Vainqueur chez lui à l'aller, le PSG menait encore 1-0 à l'heure de jeu avant de se liquéfier et de laisser Benzema lui enfiler un triplé. Un gros coup dur, d'autant plus après le mercato XXL du PSG qui alignait, au Bernabéu, une attaque Mbappé-Messi-Neymar à qui on promettait le sacre en début de saison.

La grande absente

LA grande absente de cette phase finale de la Ligue des champions était la règle du but à l'extérieur, qui avantageait celle des deux équipes à avoir le plus marqué loin de ses terres en cas d'égalité et que l'UEFA a abolie dans toutes ses compétitions cette saison. Sans cette règle, les matchs à partir des 8es de finale n'en ont été que plus décomplexés, les équipes ne jouant plus avec ce filet de sécurité mathématique. Surtout, on a vu disparaître ce sentiment d'injustice, quand une équipe se faisait éliminer sur une égalité. Allez, tout le monde en prolong'.

Le poissard

Pep Guardiola pourra se rassurer en se disant qu'il a battu un record : cette saison, il est devenu le premier entraîneur à atteindre neuf fois les demi-finales de la Ligue des champions. Avec City, c'était la deuxième fois consécutive, après la finale perdue face à Chelsea en 2021. Cette fois, c'est un Real imbattable qui s'est dressé sur sa route, alors que son City semblait plus fort que jamais et menait 5-3 au cumul des deux matchs à la 90e minute. La suite appartient à l'histoire du foot.

La surprise

Vainqueur de la Ligue Europa la saison dernière et invité par conséquent chez la grande sœur, Villarreal aurait pu se contenter d'une phase de groupes honorable conclue par une troisième place ou une élimination logique en 8es. Mais non. Joueur, rigoureux, ambitieux, ce Sous-Marin jaune piloté par Unai Emery s'est hissé jusqu'en demi-finales, coulant sur sa route les paquebots encombrants de la Juventus et du Bayern Munich.

Mais aussi...

Le Sheriff Tiraspol, premier club moldave de l'histoire de la C1 et sa victoire au Bernabéu en poules grâce à un but à la 90e minute de Sébastien Thill.
• L'élimination du Barça en phase de poules et son absence des 8es pour la première fois depuis 20 ans. • La forme olympique de Sébastien Haller, et son quadruplé dès la 1re journée.
• Les extérieurs du pied de Luka Modric.
• Le tirage au sort raté des 8es, qui a quand même donné deux fois Chelsea à Lille. Et tant d'autres choses.

LIGUE DES CHAMPIONS

LIGUE DES CHAMPIONS

Benzema, un peu plus près des étoiles

Seul joueur de l'histoire avec Cristiano Ronaldo et Robert Lewandowski à avoir fait sauter la barre des 15 buts inscrits en une saison de Ligue des champions, l'attaquant a porté presque à lui tout seul le Real vers sa 14e Ligue des champions.

L'histoire aurait pu être encore plus belle si Benzema avait marqué en finale, mais son but a été annulé après visionnage de la VAR.

9 mars 2022, stade Santiago-Bernabéu, Madrid. Il est environ 22h20. Gianluigi Donnarumma contrôle dans sa zone une passe en retrait et tarde à décaler Achraf Hakimi, seul sur son côté droit. Il n'anticipe pas l'arrivée sur lui, élancé comme un taureau, de Karim Benzema. Le portier italien tente un dribble, il est rattrapé par le numéro 9 madrilène qui le pousse à la faute. Une fois le ballon récupéré, l'attaquant français se remet en position, en retrait dans l'axe du but, pour mieux finir. Le chrono affiche 60 minutes et 45 secondes quand le ballon vient percuter le fond des filets et marquer un tournant dans la saison du *Nueve*. Paris menait 1-0 face au Real Madrid sur la pelouse du Bernabéu, il perdra finalement 3-1 ce soir-là face au talent brut et à la rage de vaincre de Karim Benzema, auteur d'un triplé pour qualifier son Real Madrid.

Le Real Benzema

Avance rapide jusqu'au 28 mai 2022. Sur la pelouse recouverte de confettis du Stade de France, maison des Bleus dont il est de nouveau un membre à part entière depuis l'été 2021, Karim Benzema lève inlassablement sa main, dont il décolle et tend les doigts pour former un chiffre : 5. De cette folle soirée de mars au Bernabéu à ce glorieux soir de mai à Paris, c'est un Karim Benzema historique qui a porté le Real Madrid vers son 14e sacre, son cinquième personnel. À 34 ans, le natif de Bron n'est plus qu'à une longueur de Francisco Gento, recordman absolu de sacres dans la compétition (6), et est entré dans le club très fermé des joueurs l'ayant emporté 5 fois et où l'on retrouve, au-delà d'une poignée de légendes, un paquet de ses coéquipiers les plus fidèles du Real Madrid (Kroos, Carvajal, Isco, Modrić, Casemiro, Marcelo et Bale).

Stats et paillettes

Pourtant, malgré la quantité d'étoiles au casting, ce Real était bien celui de *KB Nueve* cette saison. Ses chiffres toutes compétitions confondues font tourner la tête (44 buts, 15 passes décisives en 46 matchs),

DE CETTE FOLLE SOIRÉE DE MARS AU BERNABÉU À CE GLORIEUX SOIR DE MAI À PARIS, C'EST UN KARIM BENZEMA HISTORIQUE QUI A PORTÉ LE REAL MADRID VERS SON 14E SACRE, SON CINQUIÈME PERSONNEL.

Le fameux *« summer body »*.

mais c'est en Ligue des champions, et particulièrement à partir des 8es de finale, que l'influence de Karim Benzema s'est fait ressentir. Après son triplé face au PSG, il a enchaîné par un autre triplé sur la pelouse de Chelsea (3-1), le but de la qualification au retour en prolongation, un doublé à l'aller contre Manchester City et, une fois encore, le but de la qualification au retour en prolongation. De toutes les manières, dans toutes les positions, l'attaquant madrilène a marqué dans tous les matchs qu'il a disputés cette saison en C1, sauf trois : le premier face à l'Inter, le 8e de finale aller face au PSG et la finale face à Liverpool. Pour le reste, c'est la bagatelle de 15 buts en 12 rencontres, et quelques records attrapés en route : troisième joueur de l'histoire à atteindre la barre des 15 buts dans la compétition après Cristiano Ronaldo (2014, 2018) et Robert Lewandowski (2020), meilleur buteur de l'histoire en phase finale sur une saison à égalité avec Cristiano Ronaldo (10 buts), premier joueur avec Messi à marquer dans 17 éditions de la C1, plus vieux joueur à inscrire un triplé en phase finale, cinquième joueur à avoir inscrit deux triplés ou plus en une seule édition, seul joueur avec Cristiano Ronaldo à en avoir inscrit deux d'affilée en phase finale… Ajoutons à cela ses titres de joueur de la saison et de plus beau but de la saison, et on obtient un total tout simplement vertigineux.

À son âge, beaucoup de joueurs sont déjà en préretraite dans des championnats où il ne pleut jamais, ou à la retraite parce que leur physique n'a pas suivi leur âge. Benzema, lui, paraît dans la forme de sa vie, autant physiquement que footballistiquement. Lui dont on pensait qu'il s'effacerait après le départ de Cristiano Ronaldo a prouvé qu'il n'avait besoin de personne pour être décisif, et même qu'il avait l'aura nécessaire pour tirer la nouvelle génération de talents du Real Madrid vers le haut et les inspirer à être meilleurs. •

LIGUE DES CHAMPIONS

Huitièmes de finale

Paris SG – Real Madrid **1-0/1-3**
Sporting Portugal – Manchester City **0-5/0-0**
Inter Milan – Liverpool **0-2/1-0**
Salzbourg – Bayern Munich **1-1/1-7**
Villarreal – Juventus **1-1/3-0**
Chelsea – Lille **2-0/2-1**
Atlético de Madrid – Manchester United **1-1/1-0**
Benfica – Ajax **2-2/1-0**

Quarts de finale

Chelsea – Real Madrid **1-3/3-2** (après prolongation)
Manchester City – Atlético de Madrid **1-0/0-0**
Benfica – Liverpool **1-3/3-3**
Villarreal – Bayern Munich **1-0/1-1**

Demi-finales

Manchester City – Real Madrid **4-3/1-3** (AP)
Liverpool – Villarreal **2-0/3-2**

Finale

Real Madrid – Liverpool **1-0**

Meilleurs buteurs

1 Karim Benzema (Real Madrid) **15 buts**
2 Robert Lewandowski (Bayern Munich) **13**
3 Sébastien Haller (Ajax Amsterdam) **11**
4 Mohamed Salah (Liverpool) **8**
5 Christopher Nkunku (Leipzig) **7**
Riyad Mahrez (Manchester City) **7**

Meilleurs passeurs

Bruno Fernandes (Manchester United) **6 passes décisives**
Leroy Sané (Bayern Munich) **6**
Vinícius Júnior (Real Madrid) **6**
Antony (Ajax Amsterdam) **4**
Luka Modric (Real Madrid) **4**
Gerard Moreno (Villarreal) **4**
Thomas Muller (Bayern Munich) **4**
Kylian Mbappé (Paris SG) **4**
Étienne Capoue (Villarreal) **4**

2021-2022

L'équipe type selon So Foot

Entraîneur : Carlo Ancelotti (Real Madrid)
Gardien : Thibaut Courtois (Real Madrid)
Défenseurs : Trent Alexander-Arnold (Liverpool) – Éder Militão (Real Madrid) – David Alaba (Real Madrid) – Andrew Robertson (Liverpool)
Milieux de terrain : Luka Modric (Real Madrid) – Étienne Capoue (Villarreal)
Attaquants : Sadio Mané (Liverpool) – Vinícius Júnior (Real Madrid) – Sébastien Haller (Ajax Amsterdam) – Karim Benzema (Real Madrid)

brother

PREMIER LEAGUE

Manchester City, la force de l'habitude

Champions la saison passée, les *Citizens* ont gardé leur main sur la couronne cette année. Encore une fois.
Et si les *Skyblues* ont retardé l'échéance jusqu'à la dernière journée, c'était juste pour rendre la fête encore plus belle.

Gündogan, héros du match du titre face à Aston Villa avec un doublé.

« *Bien sûr, Liverpool a une histoire incroyable dans les compétitions européennes, mais pas en Premier League, car ils n'ont gagné le titre qu'une fois en 30 ans.* » À trois journées du terme de l'élite anglaise, Pep Guardiola ne croit pas si bien dire. Pointé du doigt à la suite de la nouvelle désillusion des *Skyblues* en Ligue des champions et de la comparaison permanente avec Jürgen Klopp, le taulier de Manchester City ne se démonte pas et tape du poing sur la table en conférence de presse. Et deux semaines plus tard, l'inévitable arrive. L'ogre bleu tremble jusqu'à la dernière journée, l'ogre bleu souffre face à la montée en puissance de la vague rouge, mais il était visiblement écrit que l'idylle entre l'ogre bleu et la Premier League devait se poursuivre encore une année de plus. Si rafler une quatrième couronne de champion d'Angleterre sur les cinq dernières saisons n'est pas une sinécure, il faut croire que les soldats du tacticien espagnol ont décidé d'en faire une routine.

Le faux « faux départ »

2018, 2019, 2021 et désormais 2022. Si en voyant les *Reds* détrôner les *Citizens* en 2020, tout laissait à penser qu'il fallait se préparer à une passation de pouvoir, il n'en a rien été. Trop forts, plus constants et sans aucun doute plus décisifs dans les grands rendez-vous, les soldats de Pep Guardiola cuvée 2021-2022 font preuve d'une régularité à toute épreuve, bien que certains passages de l'histoire disent l'inverse. À commencer

Guardiola en train de crâner.

Même l'immense Allan Saint-Maximin (Newcastle) ne peut rien faire contre l'hégémonie de Manchester City.

par la première journée de championnat et la première défaite à Tottenham (0-1) alors orphelin de Harry Kane, annoncé avec insistance du côté de City. Sans ça, la première partie de saison est un véritable carton : un 5-0 à Norwich et à Arsenal, une victoire à Stamford Bridge (0-1), un match nul spectaculaire à Anfield (2-2), 2-0 à Old Trafford, 7-0 face à Leeds, un succès 6-3 lors de la réception de Leicester… La mécanique huilée du tacticien espagnol fait des ravages et s'envole au classement, devançant de six points l'armée de Jürgen Klopp, et repoussant Chelsea à huit longueurs. Hasard du calendrier, *Scousers* et *Blues* vont s'affronter à Stamford Bridge lors de la 21e journée et se neutralisent (2-2). Un match nul faisant les affaires de Manchester City qui se paye encore une fois Arsenal (1-2). Dans la foulée, le champion d'Angleterre en titre assoit un peu plus sa domination en écartant les *Blues* pour le compte de la 22e journée. Le classement est sans appel, à 16 week-ends de la fin, les coéquipiers de Kevin De Bruyne laissent Liverpool sur le carreau avec 14 points de retard, mais deux matchs en moins.

L'épouvantail Crystal Palace

La messe est dite ? Pas vraiment. Et si pour la neuvième fois de son histoire, l'élite anglaise s'est jouée lors de l'ultime multiplex, c'est bien que la suite ne s'est pas révélée toute rose. Vainqueur de Norwich (3-1) lors de la 26e journée, Liverpool assiste effectivement à la chute de Manchester City, alors invaincu depuis 15 matchs en championnat, face au Tottenham de Harry Kane, buteur d'un coup de casque fatal au bout du temps additionnel. Les *Spurs* refont le coup et permettent aux *Reds* de ne plus compter que six points de retard avec un match en moins. Entre-temps, les *Saints* de Southampton ont

Trop forts, plus constants et plus décisifs dans les grands rendez-vous, les soldats de Pep Guardiola ont fait preuve d'une régularité à toute épreuve.

neutralisé les champions (1-1) grâce à un gigantesque Fraser Forster. Le débat revient comme un refrain : Manchester City va-t-il tenir ? Le premier élément de réponse arrive à la 29e journée. Après un coup de génie au match aller et une victoire à l'Etihad (0-2), les *Eagles* de Patrick Vieira réitèrent l'exploit à Selhurst Park et tiennent tête aux *Citizens* (0-0). À l'Emirates, deux jours plus tard, les *Reds* se rapprochent encore plus de leur concurrent et s'offrent le droit de passer devant le 10 avril pour le choc entre les deux clubs. Mais impossible de faire barrage à Manchester City. Le tableau d'affichage indique 2-2 au terme d'une partie à rebondissements et solde le compte des *Skyblues* face au top 6 avec huit victoires et deux défaites, face aux *Spurs* donc. Une différence notable avec Liverpool, premier candidat au titre, qui a clairement péché face aux gros du championnat (quatre victoires et six matchs nuls).

Et pourtant, les *Reds* parviennent à rester dans la course au trône à 90 minutes de la fin de la compétition. Et c'est dans un Etihad crispé que les champions renversent Aston Villa en cinq minutes pour ajouter une nouvelle ligne à leur palmarès. Comme une machine consciente de ses forces, l'écurie bleu et blanc n'a fait qu'une bouchée des *Villans* de Steven Gerrard et Philippe Coutinho, si proches d'offrir la couronne à Liverpool lors de la 38e journée de la compétition. Et finalement, ce succès 3-2 venu de nulle part, combiné à la victoire des *Reds* face à Wolverhampton (3-1), a été le seul moment de doute des *Citizens*. Un doute balayé par İlkay Gündoğan au bout de la folie, en souvenir d'une frappe croisée de Sergio Agüero face aux QPR en mai 2012… Ça devient une habitude. •

Ce qu'il faut retenir de la Premier League 2021 - 2022

3 JOUEURS AU TOP

Heung-min Son : Comeilleur buteur du championnat, il forme aussi avec Kane le duo le plus prolifique de l'histoire de la Premier League. Aussi, Heung-min Son a marqué 10 buts avec son pied gauche cette saison, ce qui en fait seulement le deuxième droitier, après Kane, à réaliser une telle performance dans l'histoire de l'élite.

Luis Diaz : En 13 matchs, il a fait mieux que Rashford, Grealish ou encore Sancho sur toute la saison. Mais le plus impressionnant est d'avoir écarté Firmino et Jota du onze de Klopp.

Conor Gallagher : Première sélection avec les *Three Lions*, élu meilleur joueur de Crystal Palace cette saison, une *masterclass* face à Manchester City… il faut vite composter son ticket pour le train, Gallagher !

Celui qui pense être le meilleur joueur de Tottenham et celui qui l'est.

PREMIER LEAGUE

PREMIER LEAGUE

3 CLUBS QUI FONT FLOP

Burnley : Pensionnaires de Premier League depuis l'été 2016, les *Clarets* de Maxwel Cornet font partie des trois équipes reléguées cette saison avec Watford et Norwich.
Manchester United : Les *Red Devils* ont trouvé le moyen de gâcher une saison, alors qu'ils étaient parvenus à ramener Sancho, Varane et Ronaldo. Tout ça pour terminer sixièmes de Premier League.
Everton : Après avoir longtemps joué avec la zone rouge, les *Toffees* ont carrément occupé la place de barragiste pendant quelques semaines. Heureusement pour eux, Lampard est parvenu à les sortir de là.

PREMIER LEAGUE

La punchline

« Je ne veux pas être arrogant… La Premier League a trop de bons milieux de terrain, mais, pour moi, c'est moi le meilleur. » Les mots sont signés Yves Bissouma en milieu de saison au micro de la BBC. Bilan : un but et deux passes décisives en 26 apparitions avec Brighton.

PREMIER LEAGUE

PREMIER LEAGUE
PREMIER LEAGUE

Le duo qui pète

Onze buts et sept passes décisives pour Bukayo Saka. Dix réalisations et deux galettes pour Emile Smith-Rowe. Tous deux sont impliqués sur plus d'un tiers des buts d'Arsenal dans l'élite anglaise cette saison. Quand deux gamins du centre de formation prennent littéralement les commandes d'une équipe en panne depuis le départ d'Arsène Wenger en 2018, on ne peut que s'incliner.

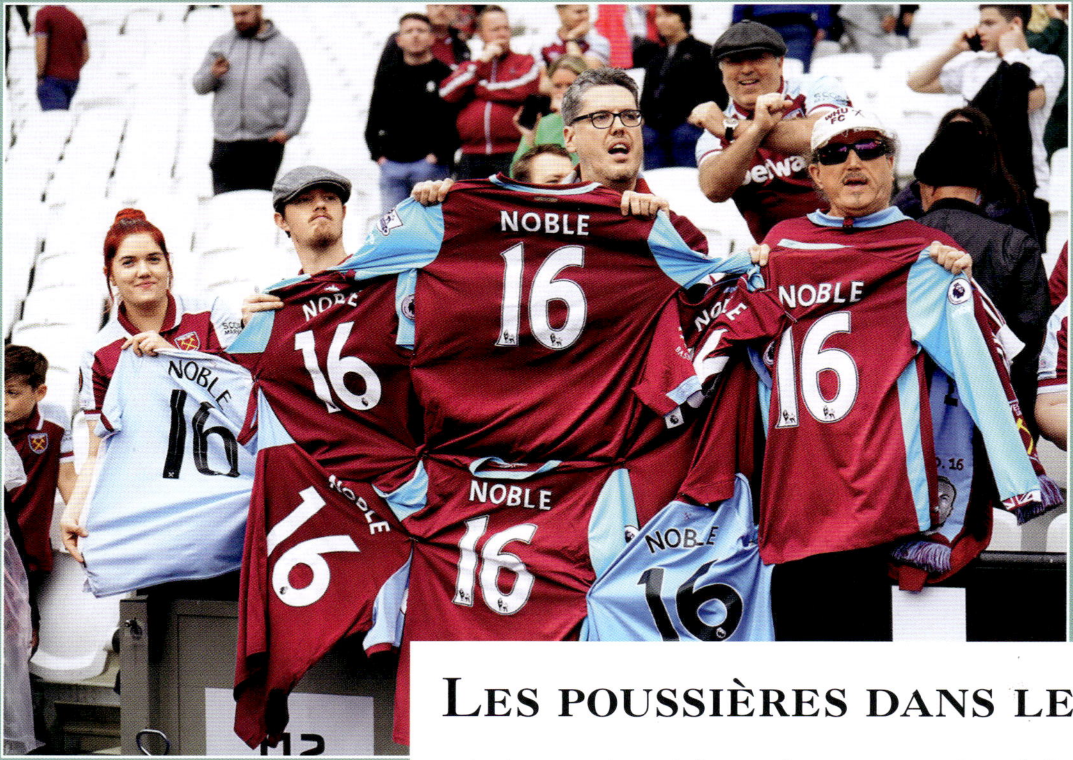

Les poussières dans les yeux

Après sept saisons de bons et loyaux services, Divock Origi s'en est allé. Liverpool dit adieu à une légende – oui, oui – qui a marqué des buts importantissimes dans son aventure en rouge. Mais la plus grosse tristesse de cette fin de saison est sans aucun doute la fin de carrière de Mister West Ham, Monsieur Mark Noble. Dix-sept saisons, 550 matchs et 62 buts. Tout simplement gigantesque.

Les 3 matchs de l'année

Manchester City 2-3 Tottenham (26e journée) : Cinq buts, un penalty, une réalisation de Kane annulée par la VAR, un coup de casque décisif au bout du temps additionnel, la clim à l'Etihad et une course au titre relancée, que demande le peuple ?

Leeds 2-1 Norwich (29e journée) : Quand une série de huit matchs sans victoire prend fin, c'est sympa. Quand ce succès permet en plus à un club de rester dans l'élite, c'est encore plus beau. Mais quand c'est un gamin de 20 piges, Joe Gelhardt, qui fait soulever tout Elland Road à la 94e minute, ça fout surtout la larme à l'œil.

Manchester United 3-2 Tottenham (29e journée) : On pourrait analyser la rencontre pendant des heures. Dire que les *Spurs* méritaient de gagner ou que Jonathan Moss aurait pu sortir le rouge sur la faute de Pogba. Mais Cristiano Ronaldo a claqué un triplé et a facilité le travail de tout le monde.

PREMIER LEAGUE

L'homme qui a fait taire les critiques

Il s'agit évidemment de Harry Maguire. Bah non ! En revanche, Ben White pouvait craindre une saison compliquée après son transfert de Brighton à Arsenal pour 60 millions d'euros. Si la somme paraissait énorme et faisait jaser, le défenseur a retourné bien des vestes en s'imposant comme l'une des satisfactions du dispositif d'Arteta à Arsenal. Relances, jeu court, duel dans les airs : le monsieur a mis tout le monde d'accord. Alors que Maguire…

PREMIER LEAGUE

Sacré Salah

Fidèle à lui-même, Mohamed Salah a encore régalé en 2022. Élu meilleur joueur du championnat par ses pairs, le Pharaon aurait pu espérer encore mieux collectivement malgré des victoires en Coupe d'Angleterre et Coupe de la Ligue. Et si Liverpool a perdu son *mano a mano* face à Manchester City, Salah peut se targuer d'avoir, encore, conquis le royaume d'Angleterre.

Encore une saison en pleine lumière pour Salah.

La tête baissée, le moral en berne et pas le moindre sourire au coin des lèvres, voici comment Mohamed Salah remercie les habitués d'Anfield après la dernière journée de championnat et la malheureuse annonce du nouveau sacre de Manchester City, vainqueur d'Aston Villa à 55 kilomètres de là. Et pourtant, si on peut lire de nombreux traits de crispation sur son visage, le roi d'Égypte a quand même le trophée du meilleur buteur de cette édition de l'élite anglaise dans une main, et celui du meilleur passeur dans l'autre, au moment de faire un dernier tour de l'antre des *Reds*. Oui, c'est désormais officiel, dans sa tête, les exploits sont devenus banals.

Des records, encore et encore

Comeilleur buteur de la saison aux côtés du Sud-Coréen Heung-min Son avec 23 réalisations, Mohamed Salah vient ajouter là un troisième Soulier d'or au-dessus de sa cheminée en cinq exercices sous la tunique rouge. Seuls Alan Shearer, Thierry Henry et Harry Kane en ont fait autant. Dans la main droite, les bras ballants, il traîne une autre récompense individuelle : celle du meilleur passeur de la Premier League édition 2021-2022 avec 13 offrandes. Devançant alors Trent Alexander-Arnold et ses 12 galettes, ainsi que les 10 passes d'Andrew Robertson. Dans le même temps, l'attaquant de 29 ans vient battre un record vieux de 16 ans en devenant le premier joueur africain à avoir délivré le plus de passes décisives devant les 11 réalisations de Didier Drogba en 2006. En rentrant dans les vestiaires après une victoire anodine face à Wolverhampton (3-1), le joueur phare du club rouge de la Mersey se voit aussi décerner le prix du plus beau but de la saison pour son show dans la surface de réparation de Manchester City. Et comme si ces trois titres ne suffisaient pas, la superstar de Liverpool a été nommée joueur de l'année par les fans. Le deuxième sacre décerné par la Professional Footballers' Association de sa carrière. Quatre statues prestigieuses de plus à la maison, et pourtant, Monsieur se permet de faire la tronche.

SALAH A LE TROPHÉE DU MEILLEUR BUTEUR DE PREMIER LEAGUE DANS UNE MAIN ET CELUI DU MEILLEUR PASSEUR DANS L'AUTRE.

L'Égyptien a terminé comeilleur buteur de Premier League.

« Mo Salah, Mo Salah, the Egyptian king ! »

À force de rafler les récompenses individuelles, Salah veut tout simplement marquer l'histoire des *Scousers* en décrochant les plus gros titres. Alors paradoxalement, aussi fou que ça puisse paraître, oui, il aurait pu faire mieux. Et ce n'est pas ces nouvelles gratifications qui le consoleront.

Le meilleur de la saison, mais pas sa meilleure saison

Mais alors mieux à ce niveau-là, c'est quoi ? C'est déjà décrocher la couronne d'Angleterre. Et malheureusement pour lui, les *Reds* n'ont pas performé lors des grands rendez-vous. Alors oui, Mo est devenu le premier joueur à marquer cinq buts contre Manchester United en une seule saison. Un record. Mais au regard des copies rendues par les *Red Devils* tout au long de cet exercice, il n'y a rien de bien impressionnant là-dedans. Alors oui, aussi, Salah a été décisif dans les deux tête-à-tête contre Manchester City. Bravo. Mais sans ça, l'addition contre les autres cadors de l'élite a été beaucoup moins salée que les éditions précédentes. Muet face à Tottenham, un petit but sur les deux confrontations contre les *Gunners*, une passe décisive à l'arrache contre West Ham, bref là où l'Égyptien surnageait avant, les cases n'ont pas été toutes cochées cette saison. Ajoutez à ça une période de moins bien au retour de la CAN et l'arrivée tonitruante de Luis Diaz sur le bord de la Mersey, et vous avez là un peu moins de lumière sur un joueur qui devrait l'attirer. Salah signe ainsi une deuxième partie de saison moins flamboyante avec sept réalisations en championnat en 2022, mais est tout de même élu meilleur joueur de l'année à Liverpool pour l'ensemble de son œuvre. *« Si vous me comparez à n'importe quel joueur à mon poste, pas seulement dans mon équipe, mais dans le monde entier, vous constaterez que je suis le meilleur. Je me concentre toujours sur mon travail et je fais de mon mieux, et mes statistiques sont la meilleure preuve de mes paroles »*, avait-il même déclaré au mois de mai. Et difficile de le contredire sur ce point-là. Riyad Mahrez, Ousmane Dembélé, Serge Gnabry, Ángel Di María, Lionel Messi, Jadon Sancho : personne n'a aussi bien glissé sur un flanc droit que Salah cette saison.•

PREMIER LEAGUE

1	MANCHESTER CITY	93 POINTS
2	LIVERPOOL	92
3	CHELSEA	74
4	TOTTENHAM	71
5	ARSENAL	69
6	MANCHESTER UNITED	58
7	WEST HAM	56
8	LEICESTER	52
9	BRIGHTON	51
10	WOLVERHAMPTON	51
11	NEWCASTLE	49
12	CRYSTAL PALACE	48
13	BRENTFORD	46
14	ASTON VILLA	45
15	SOUTHAMPTON	40
16	EVERTON	39
17	LEEDS	38
18	BURNLEY	35
19	WATFORD	23
20	NORWICH	22

Meilleurs buteurs

Mohamed Salah (Liverpool) **23 buts**
Heung-min Son (Tottenham) **23**
Cristiano Ronaldo (Manchester United) **18**
Harry Kane (Tottenham) **17**
Sadio Mané (Liverpool) **16**

Meilleurs passeurs

Mohamed Salah (Liverpool) **13 passes décisives**
Trent Alexander-Arnold (Liverpool) **12**
Mason Mount (Chelsea) **10**
Harvey Barnes (Leicester) **10**
Jarrod Bowen (West Ham) **10**
Andrew Robertson (Liverpool) **10**

L'équipe type selon So Foot

Entraîneur : Patrick Vieira (Crystal Palace)
Gardien : Alisson (Liverpool)
Défenseurs : Trent Alexander-Arnold (Liverpool) – Rúben Dias (Manchester City) – Virgil van Dijk (Liverpool) – João Cancelo (Manchester City)
Milieux : Yves Bissouma (Brighton) – Kevin De Bruyne (Manchester City) – Thiago Alcántara (Liverpool)
Attaquants : Jarrod Bowen (West Ham) – Mohamed Salah (Liverpool) – Heung-min Son (Tottenham)

Emirates
FLY BETTER
9

LIGA

Le Real Madrid et les joyeux de la couronne

En Espagne, le Real Madrid a fait main basse sur une Liga dominée dès son entame. Un 35e titre de champion, venu couronner une saison domestique brillante en tous points et qui aura vu naître un collectif paré à toute épreuve.

Il n'y a pas d'âge pour un petit pogo, n'est-ce pas, Carlo Ancelotti ?

**Sans avoir été un titulaire indiscutable,
Camavinga a fait forte impression pour sa première saison au Real.**

Vinícius Junior a achevé sa mue. Il n'est pas étonnant, ainsi, de le voir atteindre la barre des 17 buts et 10 passes décisives en Liga.

Au lancement de l'exercice 2021-2022, nombreux étaient les candidats à prétendre au trône. Sur la grille de départ se positionnaient ainsi la Real Sociedad, le Betis et Séville, prêts à surprendre *Colchoneros*, *Merengues* et Barcelonais. Et à ce jeu, Basques et Sévillans ne sont pas passés loin. Les *Txuri-Urdin* ont été les premiers à investir le classement. Invaincus durant 13 rencontres (entre la 2e et la 14e journée), les hommes de l'audacieux Imanol Alguacil ont effectivement occupé le fauteuil de leader pendant un mois, entre octobre et novembre, se prenant à rêver. Un bilan honorable, finalement feu de paille. En effet, à la différence du champion Real Madrid, les Bleu et Blanc de la Sociedad auront surtout manqué d'efficacité et de régularité sur le plan comptable, s'écroulant à la trêve hivernale. Scénario vécu, quasi à l'identique, par le Séville FC, jamais leader cette saison, mais installé aux trois premiers rangs une bonne partie de la saison et dauphin jusqu'à la 29e journée, avant de flancher.

À la fin de la saison 2021-2022, Toni Kroos comptait 17 trophées avec le Real Madrid.

Madrid a su faire fructifier ses capacités, afin d'en tirer la quintessence.

Des défaillances notables, auxquelles le Real Madrid n'a ainsi fait aucune concession. Peu remanié, si ce n'est par le retour à la maison de Carlo Ancelotti et les arrivées qualitatives de David Alaba, puis Eduardo Camavinga, le contingent *merengue* s'est engouffré dans la brèche. Point de bascule : les succès obtenus face au top 5 (Barça, Atlético, Séville et Betis). Un total de 16 points pris sur 24 possibles devant les concurrents directs et, surtout, quatre défaites seulement en 38 journées. L'efficacité d'un groupe rarement flamboyant, mais grandement réaliste au moment de conclure ses parties (70 % de victoires). En résumé, et à l'image de cette série de 15 rencontres sans défaite toutes compétitions confondues (entre le 24 octobre et le 22 décembre), Madrid a su faire fructifier ses capacités, afin d'en tirer la quintessence.

Le meilleur 9 de l'année

Évidence incarnée de cette 35e couronne nationale : Karim Benzema. L'international français, déjà garant de la stabilité des siens après le départ de Cristiano Ronaldo, a ainsi dû poursuivre son travail de sape pour porter ce collectif toujours plus haut. *Pichichi* avec 27 réalisations (pour la première fois depuis son arrivée en Espagne à l'été 2009) et deuxième meilleur passeur avec 12 offrandes (derrière Ousmane Dembélé, 13), le Lyonnais a, dès le mois d'août, dessiné ce chemin vertueux qui accompagnerait ses coéquipiers un an durant.

Un capitaine galvanisé, et investi d'une mission de transmission pour de jeunes protégés, véritables révélations cette saison. Parmi eux, Vinícius Júnior. Le Brésilien, métamorphosé, a achevé sa mue par une maturité et une lucidité acquises dans le jeu. Pas étonnant de le voir atteindre la barre des 17 buts et 10 passes décisives en Liga. Des statistiques ajoutées à un profil de déstabilisateur déjà bien ancré, en témoigne la complicité palpable entre l'ailier et son mentor Benzema (7 passes décisives de l'*Auriverde* vers le Gone, 6 dans le sens inverse). Le duo est même impliqué sur 82 % des réalisations inscrites par leur club (44 buts et 22 passes décisives sur 80 réalisations). La Maison-Blanche se rénove.

Ne leur parlez pas d'âge

Décrit comme vieillissant, à juste titre (29 ans de moyenne d'âge), l'effectif madrilène a malgré tout pu compter sur ses valeurs sûres au milieu de terrain. Toni Kroos, Casemiro et l'indispensable Luka Modric, faisant fi de ses 36 ans (11 matchs manqués en Liga cette saison), se sont ainsi posés en régulateurs d'un jeu quelquefois déséquilibré. Un cocon sain, dans lequel ont alors pu éclore leurs successeurs, entre autres Federico Valverde, Rodrygo ou Eduardo Camavinga.

Enfin, la *Casa Blanca* doit en grande partie ce confort domestique à une défense de fer, portée par le trio Courtois-Alaba-Militão. Malgré des automatismes encore en rodage, l'association austro-brésilienne aura su passer, avec brio, le cap des lourds départs de Sergio Ramos et Raphaël Varane. Élément légitimant un peu plus ce statut de deuxième défense du championnat (31 buts encaissés, derrière Séville : 30) et les 74 % de tirs arrêtés par match de son géant belge. Le Real Madrid a donc réalisé la saison idéale : champion, dominateur et maître de son sujet. Pour rappeler de quoi sont faits les plus grands : de trophées. •

Ce qu'il faut retenir de

la Liga 2021-2022

Michel, entraîneur de Getafe… même si ça embête son président.

Le mauvais coup

Pour apprendre à gâcher une saison en moins d'une semaine, demandez à Grenade. Seizièmes du classement, les Rouge et Blanc n'avaient en effet besoin que d'une victoire face à l'Espanyol pour assurer une année supplémentaire dans l'élite lors de la 38e journée de Liga. Malheureusement, ce qui devait arriver arriva. Ne parvenant pas à marquer, le GCF a perdu pied. Point d'orgue : un penalty manqué à vingt minutes du terme par le vétéran Jorge Molina (40 ans), synonyme de relégation.

Le miracle

Longtemps lanterne rouge, Getafe a fini par se maintenir à la quinzième place. Un temps perdu qui n'aura pas été du goût de son président Ángel Torres : *« Si nous avons galéré à nous maintenir, ce n'est pas à cause des joueurs. C'est à cause de l'entraîneur, qui était très mauvais ! »* Le coach en question : Míchel. Pas vraiment reconnu pour ses qualités de tacticien, l'ancien entraîneur de l'OM ne s'est pas laissé faire : *« C'est marrant qu'il dise que je suis mauvais, alors qu'il m'a déjà signé à trois reprises dans son club. »* Sept défaites en huit matchs, à qui la faute ?

Le flop

Au mois d'août 2021, Sergio Agüero pensait toucher le jackpot : rejoindre le FC Barcelone, évoluer aux côtés de son ami Lionel Messi et s'imposer au sein de l'attaque catalane. Rien ne se sera déroulé comme prévu. Le *Kun* a d'abord vu son compatriote plier bagage vers Paris, le Barça éprouver les plus grandes difficultés à se stabiliser sportivement et, surtout, son état de santé faire des siennes. Résultat, le 31 octobre dernier, le buteur fait un malaise cardiaque face à Alavés et se voit obligé d'annoncer sa retraite deux mois après l'incident.

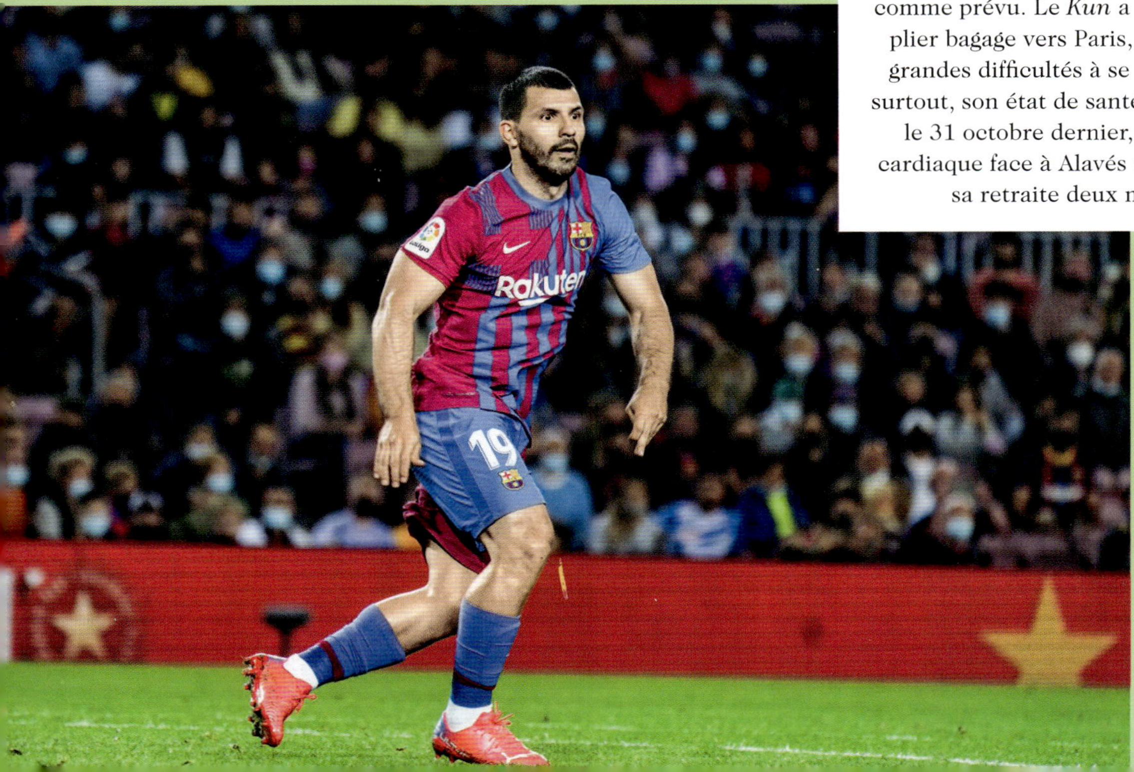

L'accroc aux cartons

Être défenseur d'une équipe en difficultés comme Valence amène avec lui son lot d'embûches. Pour Omar Alderete, la discipline en a été le catalyseur. En effet, le défenseur paraguayen a écopé de 15 cartons jaunes en 29 rencontres, soit près d'un avertissement tous les deux matchs. Pas étonnant, puisque le club *ché* termine avec le plus haut total de *tarjetas amarillas* cette saison en Espagne (123). Mais un exploit tout de même, puisque Alderete n'aura reçu ni carton rouge ni la moindre suspension.

La punchline

Pas très délicat sur le terrain, Gérard Piqué l'est tout aussi peu en dehors. Interrogé sur la jouissance que procure une victoire sur le terrain de l'Espanyol, le défenseur se lâche : « *J'ai plus d'argent que tout le budget de l'Espanyol réuni ! Alors quand j'entre sur leur pelouse et que je me fais siffler, c'est la plus grande des satisfactions. C'est plus savoureux que de battre le Real Madrid ou coucher avec ma femme.* » Footballeur et poète.

LIGA

Le match

Séville-Levante. Le 24 octobre 2021, ce banal match de la 10e journée de Liga s'est transformé en régalade (5-3). Le dauphin accueillait l'avant-dernier, pour une cascade de buts à Sánchez-Pizjuán. Menant de quatre pions à l'heure de jeu, les Sévillans ont effectivement vu les *Granotas* revenir à une unité d'écart, en seulement dix minutes. De quoi faire trembler les locaux, jusqu'à la délivrance signée Fernando. Un festival assez rare pour être souligné du côté de Julen Lopetegui.

La révélation

La saison de Villarreal a marqué les esprits. Demi-finaliste de la Ligue des champions, le *Submarino Amarillo* s'est également doté de plusieurs talents, révélés au cours de ces dix mois de compétition. Parmi eux, Yéremy Jesús Pino Santos. À 19 ans, l'ailier a effectivement éclaboussé la Liga, fort de 6 buts et 4 passes décisives en 31 apparitions, dont un quadruplé contre l'Espanyol. De quoi voir Luis Enrique lui offrir ses premières capes avec l'Espagne.

Le revenant

Sous les couleurs du Betis, Nabil Fekir tient enfin sa saison référence. Longtemps attendu après ce choix de carrière critiqué de part et d'autre, l'international français a effectivement réalisé sa plus belle campagne en vert et blanc. Un statut d'indiscutable (35 matchs sur 38, dont 33 comme titulaire), 6 buts, 8 passes décisives et un bilan collectif orné d'une Coupe du Roi décrochée au mois de mai. La liste complète pour désormais viser plus haut. Au Betis ou ailleurs ?

L'étincelle Pedri

Cette saison, si le FC Barcelone n'a pas brillé en Liga, il a malgré tout pu compter sur son maître à jouer et homme à tout faire, Pedri. Une véritable satisfaction, venue sauver les meubles catalans à chacune de ses sorties. Passé de révélation à incontournable en moins d'un an, le Canarien n'en finit plus de franchir les paliers.

Pedri, l'une des rares satisfactions de la saison du Barça.

Pedri, le nouveau messie. Voire le nouveau Xavi ?

73 C'est le nombre de matchs qu'aura disputés Pedri lors de la saison 2020-2021. Un nombre barbare, accumulé entre rencontres en club et joutes internationales, pour celui que le monde découvrait alors sous les couleurs du FC Barcelone. Il faut dire que dans ce Barça en reconstruction complète, les successeurs d'Andrés Iniesta et Xavi se font toujours attendre. Et pour combler ce vide, qui ne disparaîtra certainement jamais, l'enfant de Tegueste a pris ses responsabilités. Joueur multitâche, omniprésent dans l'entrejeu, l'on pensait finalement son rendement infléchissable. Mais à force de tirer sur la corde, staffs barcelonais et espagnols ont fini par faire exploser la bulle énergétique du prodige. Une blessure à l'ischio-jambier gauche, survenue en septembre 2021, synonyme d'absence de trois mois, a rappelé tout le monde à l'ordre.

Un mal pour un bien : Pedri s'est servi de cette accalmie pour reprendre des forces. Loin d'avoir perdu en rayonnement, le relayeur a, au contraire, gagné en galons de légitimité. Ainsi, dès son retour au jeu, le 23 janvier dernier à Alavés, l'intéressé a remis le bleu de chauffe et repris son statut d'indiscutable auprès de son modèle devenu coach, Xavi. Titulaire à dix reprises, sur les douze matchs de Liga qu'il aura disputés au cours de cette campagne, il se sera notamment targué de trois buts et une passe décisive, dans ce délai relativement court.

LaLiga
16

« LE FOOTBALL SE JOUE AVEC LA TÊTE, PAS AVEC LES MUSCLES. SUR LE TERRAIN, C'EST LA MANIÈRE DONT TU FAIS FONCTIONNER TON CERVEAU QUI COMPTE. C'EST LUI QUI TE PERMET D'ANTICIPER CE QUE VA FAIRE L'ADVERSAIRE OU DE VOIR, UNE SECONDE AVANT LES AUTRES, DES LIGNES DE PASSE. »

Pedri

Qui plus est dans un rôle de besogneux : « *Je sais qu'il n'aime pas les éloges, c'est quelqu'un de très humble, mais je vais être très clair : il n'y a pas de joueur plus talentueux que lui dans le monde* », posait en toute lucidité son entraîneur.

Inclassable

Car à parler de talent, on en oublierait presque qu'il existe encore des joueurs capables de briller par leur simplicité. Loin des tricoteurs fous ou autres « poulets sans tête », Pedri s'est installé dans la catégorie des joueurs de devoir. De ceux qui choisiront toujours une passe utile au sortir d'un dribble, plutôt que d'opter pour le crochet de trop. « *Il a un ordinateur dans la tête,* poursuivait Xavi. *C'est merveilleux de le voir jouer.* » Illustration complétée par Iniesta : « *Le ciment du jeu du Barça, c'est la passe. Ce qui nous caractérise, ce sont les combinaisons rapides, en une, voire en une demi-touche de balle, mais la clé, c'est que chaque joueur maximise ses qualités intrinsèques pour les besoins du collectif.* » Un résumé du logiciel nécessaire pour intégrer le contingent rouge et bleu, assimilé aussi rapidement qu'excellemment par le gamin.

Durant cet exercice 2021-2022, et si les pépins physiques ont de nouveau pointé le bout de leur nez au sortir de l'élimination catalane en quarts de finale de la Ligue Europa face à Francfort, Pedri a effectivement grandement contribué au maintien de sa formation à flot. Avec sa présence sur le pré en Liga, Barcelone a ainsi engrangé 88 % des points disponibles (32 sur 36 possibles), ne rencontrant jamais la défaite (10 succès, 2 nuls). Des chiffres d'autant plus valorisants en élargissant la focale à l'ensemble des compétitions disputées par le club cette saison, avec 65 % de réussite (seulement 5 défaites en 21 parties) et fléchissant sérieusement sans lui : 49 % de victoires (28 points pris sur 57). Des statistiques globales gonflées par l'apport technique du milieu de terrain. Un jeu sobre donc, orné de prises de risques en toute simplicité, à l'image de ses 82 % de passes longues réussies, pour transpercer les lignes et mettre ses compères offensifs dans les meilleures conditions.

Valeur sûre, acclamée par ses aînés, la personne qui résume le mieux Pedri reste finalement Pedri lui-même : « *Le football se joue avec la tête, pas avec les muscles. Sur le terrain, c'est la manière dont tu fais fonctionner ton cerveau qui compte. C'est lui qui te permet d'anticiper ce que va faire l'adversaire ou de voir, une seconde avant les autres, des lignes de passe.* » Comme une machine, programmée pour écraser le moindre grain de sable et refroidir les situations chaudes finalement. Cela tombe bien, le FC Barcelone en a plus que jamais besoin. •

LIGA

1	REAL MADRID	86 POINTS
2	FC BARCELONE	73
3	ATLÉTICO DE MADRID	71
4	FC SÉVILLE	70
5	BETIS	65
6	REAL SOCIEDAD	62
7	VILLARREAL	59
8	ATHLETIC BILBAO	55
9	VALENCE	48
10	OSASUNA	47
11	CELTA DE VIGO	46
12	RAYO VALLECANO	42
13	ELCHE	42
14	ESPANYOL BARCELONE	42
15	GETAFE	39
16	MAJORQUE	39
17	CADIX	39
18	GRENADE	38
19	LEVANTE	35
20	ALAVÉS	31

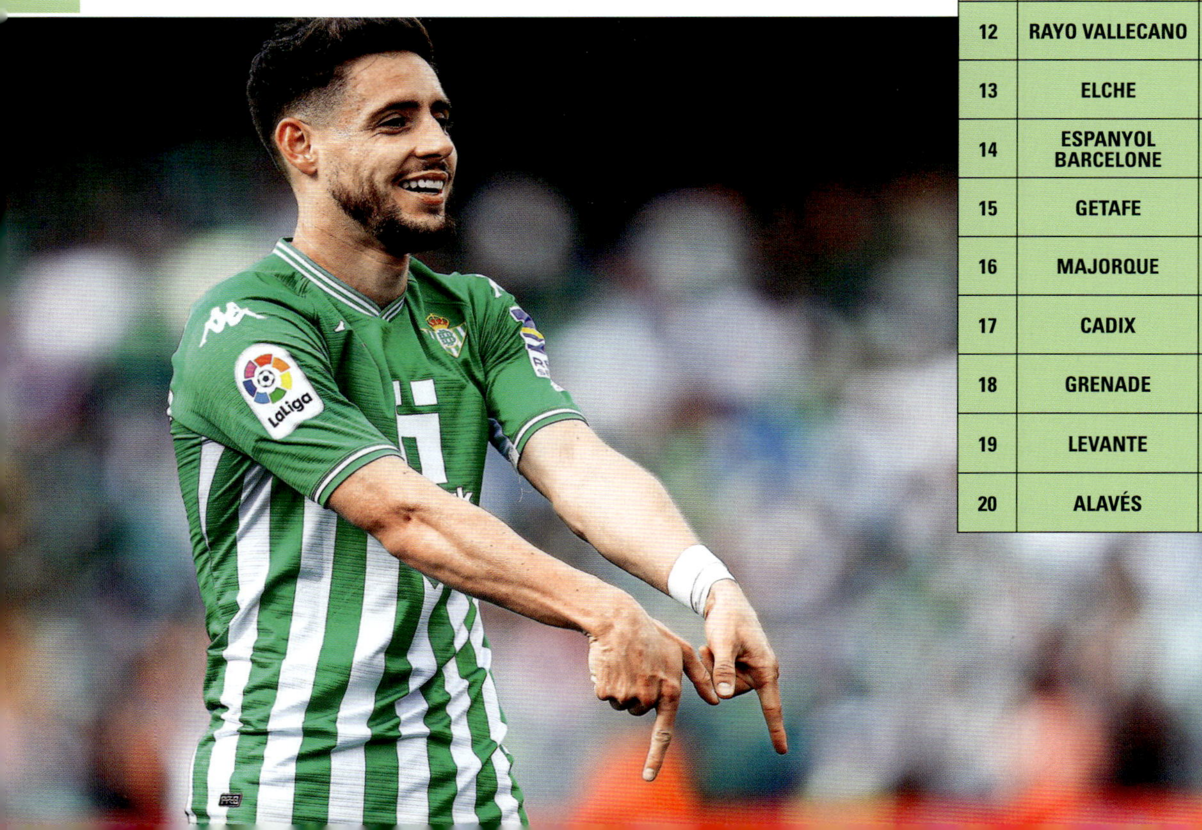

Meilleurs buteurs

Karim Benzema (Real Madrid) **27 buts**
Iago Aspas (Celta de Vigo) **18**
Vinícius Jr. (Real Madrid) **17**
Raúl de Tomás (Espanyol Barcelone) **17**
Juanmi (Betis) **16**
Enes Ünal (Getafe) **16**

Meilleurs passeurs

Ousmane Dembélé (FC Barcelone) **13 passes décisives**
Karim Benzema (Real Madrid) **12**
Vinícius Jr. (Real Madrid) **10**
Jordi Alba (FC Barcelone) **10**
Iker Muniain (Athletic Bilbao) **10**
Dani Parejo (Villarreal) **10**

L'équipe type selon So Foot

Entraîneur : **Carlo Ancelotti (Real Madrid)**
Gardien : **Thibaut Courtois (Real Madrid)**
Défenseurs : **Juan Foyth (Villarreal) – David Alaba (Real Madrid) – Ronald Araújo (FC Barcelone) – Álex Moreno (Betis Séville)**
Milieux : **Gavi (FC Barcelone) – Nabil Fekir (Betis) – Luka Modric (Real Madrid)**
Attaquants : **Ousmane Dembélé (FC Barcelone) – Karim Benzema (Real Madrid) – Vinícius Jr. (Real Madrid)**

FC BAYERN MÜNCHEN
25
MÜLLER

BUNDESLIGA

Bayern, champion sans plus

Cette saison, le Bayern Munich a remporté son dixième titre de champion consécutif. Personne n'a fait mieux dans le *Big 5* européen. Faut-il y voir pour autant un affaiblissement du niveau général de la Bundesliga, ou bien la marque d'un *Rekordmeister* plus puissant que jamais ?

Le Bayern aurait pu fêter son titre à la mi-saison…

Le pari le moins risqué du monde :
« Lewandowski va marquer ce week-end en Bundesliga. »

Vulgairement, on appelle ça un problème de riches : pour sa première année sur le banc du Bayern Munich, Julian Nagelsmann n'a remporté « qu'un » seul titre : le championnat d'Allemagne. En temps normal, n'importe quel entraîneur de son âge (34 ans) aurait sauté au plafond et pleuré des litres de joie. Nagelsmann, lui, est insatisfait. Parce que quand on a un job comme le sien, terminer la saison avec un seul titre, c'est insuffisant. Pour dire, sa déception a presque réussi à effacer qu'au terme de l'exercice 2021-2022, le *Rekordmeister* a battu un nouveau record : celui de remporter la Bundesliga dix ans d'affilée. De quoi avoir le sentiment d'écrire l'histoire ? Mouais…

MALGRÉ CINQ DÉFAITES À METTRE À SON ACTIF, JAMAIS LE BAYERN N'A FRANCHEMENT DÛ IMAGINER QUE LE TITRE ALLAIT LUI ÉCHAPPER.

Où est la concurrence ?

En Allemagne, hormis les fans du Bayern, rares sont celles et ceux qui se sont réjouis de voir le *Meisterschale* – du nom du bouclier remis au champion – rester une fois de plus à Munich. Et pour cause : une fois

Pas facile de les reconnaître derrière ces lunettes...

de plus, le suspense était plié à la mi-saison et, malgré cinq défaites à mettre à son débit, jamais le FCB n'a franchement dû imaginer que le titre allait lui échapper. Son dauphin, le Borussia Dortmund, termine 8 longueurs derrière, le Bayer Leverkusen, qui ferme le podium, à 13. Même le très ambitieux RB Leipzig n'a pas réussi à suivre la cadence pour sa sixième année dans l'élite et termine avec 58 points, soit près de 20 de moins que le Bayern. Et très loin de ce que Thomas Müller, pierre angulaire de l'effectif durant la décennie écoulée, considère désormais comme une base dans la lutte pour le titre : « *Entre 75 et 85 points, chaque saison* ». Ce même Thomas Müller, qui souhaiterait un accroissement de la concurrence, ne serait-ce que « *pour le bien du championnat* », va devoir s'armer de patience. Son président, l'ancien gardien international Oliver Kahn, a décrété lors des célébrations post-titre que ce dixième sacre était « *un tournant* » dans l'histoire du club et, à ces concurrents qui souhaiteraient venir lui faire de l'ombre, qu'ils pouvaient « *remballer leurs espoirs. On rattaquera aussi directement la saison prochaine !* » Et qui, aujourd'hui, peut d'ores et déjà lui donner tort ? À part les éternels optimistes et une poignée d'idéalistes, pas grand monde.

Champion d'avance

Bref, le *Rekordmeister* est intestable, et cela fait maintenant dix ans que ça dure. À force de vampiriser la concurrence nationale en signant systématiquement les meilleurs joueurs de ses adversaires (Lewandowski, Kimmich, Goretzka, Süle entre autres) et en sortant le carnet de chèques à un niveau sans précédent en Allemagne (Corentin Tolisso et Dayot Upamecano pour 42 millions chacun, Leroy Sané pour 60 et – record national – Lucas Hernandez pour 80), il s'est taillé la part du lion et ne laisse aucune once d'espoir que les choses changent. De quoi faire de la Bundesliga une rareté dans

Serge Gnabry, longtemps décrié, semble enfin avoir retrouvé son potentiel.

le fameux *Big 5* européen : même le PSG a trébuché deux fois depuis son rachat par le Qatar en 2011, même la Juventus a faibli ces dernières années et même l'Atlético de Madrid est venu bousculer le règne sans partage du Real et du Barça lors de la dernière décennie. Il n'y a donc plus qu'en Allemagne que le champion est connu d'avance ; les clubs restants se battent pour les miettes et peuvent d'ailleurs remercier la dernière réforme de la C1 qui offre désormais quatre tickets directs pour la phase de groupes aux clubs allemands. Un maigre lot de consolation pour continuer d'exister dans l'ombre du géant munichois. Même si lors de la saison 2021-2022, c'est vers la C3 qu'il aura fallu se tourner pour voir un club allemand briller : l'Eintracht Francfort, dont le public s'est déplacé en masse à chacune de ses rencontres aux quatre coins de l'Europe, créant un élan de sympathie pour ces Allemands qui gagnent, mais sans être le Bayern. À l'échelle nationale, c'est le RB Leipzig qui a remporté la Pokal. Autre camouflet pour le *Rekordmeister*, à qui le titre a échu une année sur deux en moyenne lors de sa décennie royale, même si le public aurait préféré voir le sympathique SC Fribourg l'emporter aux dépens des Taureaux rouges, dont l'existence est toujours contestée par une large partie des supporters allemands. Parmi les autres faits marquants de la saison, on peut aussi souligner la qualification directe de l'Union Berlin en C3, trois ans après sa montée en Buli et qui connaît une progression inarrêtable. De quoi aller un jour titiller les sommets ? Cela semble peu probable, de toute façon, les belles histoires se passent plus bas dans le classement désormais. Cela fait dix ans qu'on en a la preuve.•

Ce qu'il faut retenir de la Bundesliga 2021-2022

Le mec pas très classe

Généralement, le mercato hivernal est loin d'être très excitant. Mais en Bundesliga, Max Kruse n'a pas eu son pareil pour venir donner un grand coup de pied dans la fourmilière. Véritable héros de l'Union Berlin à la fin de l'exercice 2020-2021 depuis qu'il a envoyé les *Eisernen* en Ligue Europa Conférence grâce à une tête dans le temps additionnel de la dernière journée face à Leipzig, l'attaquant allemand est passé au statut de zéro 6 mois plus tard, en annonçant son départ pour Wolfsburg à la surprise générale, peu avant le *deadline day*. Raison invoquée ? Un meilleur salaire à prendre chez les Loups, pourtant à la lutte contre la relégation. Tant pis pour lui, l'Union s'est débrouillée toute seule pour finalement atteindre la Ligue Europa. Sans regrets.

LA MACHINE À PUNCHLINES

Arrivé sur le banc du FC Cologne en début de saison, Steffen Baumgart s'est très vite bâti une solide réputation de coach qui n'a pas sa langue dans sa poche. La preuve, au mois d'octobre, lorsqu'il remporte le (très sérieux) prix de la citation footballistique de l'année : *« Le match n'est terminé que lorsque l'arbitre a donné le coup de sifflet final. Et lorsque l'entraîneur s'arrête de hurler. »* Entraîneur à l'ancienne, Baumgart n'est pas du genre à accepter que ses joueurs perdent du temps à simuler sur le terrain : *« Voilà ce que je dis : ça fait mal ? Oui ? Et quand tu te lèves, ça fait mal ? Oui ? Mais tu peux te lever ? Oui ? Alors tu peux aussi courir ! »* Un amuseur public, le Steffen ? Pas seulement. *« Quand je suis arrivé à Cologne, tout le monde me disait :* "Super club, super ambiance, super stade." *Pour finir à la quinzième place ? Cherchez l'erreur. »* Erreur corrigée. En une saison, les *Geissböcke* sont passés des barrages à une qualification en C4. Chapeau l'artiste !

L'erreur de débutant

Lors de la 28e journée face à Fribourg, le Bayern mène largement et se permet quelques changements. S'ensuit un imbroglio qui amène les Bavarois à jouer à 12 pendant 16 secondes. Si cela n'a rien changé au score final (4-1), l'addition aurait pu être salée, puisque Fribourg a posé une réserve, espérant repartir avec les trois points sur tapis vert. Raté, la commission a estimé que cette erreur n'a pas eu d'incidence directe sur la rencontre. Comme quoi, on peut être *Rekordmeister* et faire les mêmes erreurs qu'un entraîneur de district qui a trop forcé sur la bouteille.

Le coup de génie

On connaît la technique : quand les résultats en championnat d'un club engagé en Coupe d'Europe laissent à désirer, il sacrifie la seconde pour se concentrer sur le premier. Tout le contraire de l'Eintracht Francfort. Engagés en C3, les Aigles ont joué leur carte à fond et remporté leur premier sacre depuis 40 ans face aux Rangers. Et voilà comment on se qualifie pour la Ligue des champions en terminant onzième de Bundesliga.

Le sauveur

En allemand, Pascal Dupraz se dit Felix Magath. Réputé pour ses méthodes à la dure, le technicien allemand est aussi un spécialiste des missions de sauvetage. Il en comptait trois à son actif avant de reprendre, peu après l'intersaison, les rênes du Hertha Berlin, dont il a sauvé la peau en barrages, après s'être imposé contre Hambourg. À 68 ans, le technicien n'a toujours pas failli à sa réputation et peut partir le cœur léger. Mission accomplie. « *Maintenant, on peut attendre six mois, puis je verrai à nouveau si je suis vraiment incapable de descendre* », a-t-il confié après son dernier succès. Reste à savoir qui sera l'heureux élu.

BUNDESLIGA BUNDESLIGA BUNDESLIGA

La première fois

Comme pour tous les clubs possédés par un riche propriétaire, la pression de gagner des titres est permanente. Mais dans le cas du RB Leipzig, détenu par l'entreprise autrichienne Red Bull, l'armoire à trophées restait désespérément vide depuis la montée du club en Bundesliga en 2016. Pas top pour une écurie qui se targue d'être un concurrent direct des cadors que sont le Bayern et Dortmund. Heureusement pour les fans du taureau rouge, la période des vaches maigres est terminée : au prix d'une intense séance de tirs au but face au SC Fribourg, le RBL s'est adjugé la Coupe d'Allemagne, premier titre majeur de sa jeune histoire, débutée il y a à peine quinze ans.

Les revenants

On dit souvent qu'une fois descendu en D2, le plus dur est d'encaisser le choc le plus vite possible avant de remonter directement, sous peine de rester englué dans le purgatoire. Message reçu cinq sur cinq par Schalke 04. Relégués la saison dernière avec l'étiquette de lanterne rouge, les *Königsblauen* ont longtemps bataillé avec la concurrence du Werder Brême avant de décrocher le titre de champion, tandis que les Vert et Blanc ont arraché la couronne du dauphin. De quoi inspirer Hambourg, autre mastodonte allemand, qui a échoué pour la quatrième fois d'affilée à remonter en Buli depuis sa relégation historique.

L'envol du Nkunku

Parti sur un échec du PSG en 2019, Christopher Nkunku s'est depuis refait une santé et un nom en Allemagne. Cette saison, il a même été sacré meilleur joueur de Bundesliga, confirmant ainsi le statut de tremplin du championnat allemand.

Le futur remplaçant du pied gauche de Griezmann chez les Bleus ?

L'ancien joueur du PSG déploie enfin ses ailes en Allemagne.

Le soir du 27 avril 2019, un missile a franchi le toit du Stade de France pour aller mourir sur le périphérique adjacent. Dans la tribune, les supporters du Paris Saint-Germain sont médusés. Ce missile, c'est Christopher Nkunku qui l'a tiré et, pas de bol, il s'agissait de la dernière tentative parisienne lors de la séance de tirs au but en finale de la Coupe de France face au Stade rennais. Tandis que les joueurs rouge et noir célèbrent, les larmes aux yeux, le premier titre remporté par le club breton depuis 48 ans, le titi parisien, lui, est au trente-sixième dessous. Quelques semaines plus tard, il s'exilera de l'autre côté du Rhin en signant au RB Leipzig pour la (modeste) somme de 14 millions d'euros. Son histoire avec le club qui l'a formé s'est terminée en eau de boudin.

21 mai 2022. Christopher Nkunku a 24 ans, et pour ceux qui auraient oublié de le suivre depuis son départ du PSG, disons simplement que ce n'est plus du tout le même homme. Sur la pelouse du stade olympique de Berlin, le Francilien permet au RBL d'arracher la prolongation en égalisant face à Fribourg à un quart d'heure du terme. Costaud. Et c'est lui qui se présente en premier face à Mark Flekken pour transformer sa tentative sans sourciller. Doublement costaud. Ses camarades l'imiteront ensuite pour permettre à Leipzig de remporter le tout premier titre de son histoire : la Coupe d'Allemagne, un trophée qui viendra dépoussiérer une armoire qui semblait désespérément vide.

Des chiffres et des chiffres

Voilà peu ou prou le chemin parcouru par Christopher Nkunku en seulement trois ans. Lors de son départ pour l'Allemagne, son ancien entraîneur Thomas Tuchel regrettait de se séparer de lui, tout en sachant que ce transfert constituait une forme de pas en avant : *« Il est*

important d'avoir un nouveau rôle pour lui à l'étranger, je lui ai dit qu'il trouverait un entraîneur de haut niveau, mais aussi un club de haut niveau, en allant à Leipzig. Il a un potentiel incroyable. » Aujourd'hui à Chelsea, Tuchel avait vu juste : de jeune espoir dans un club trop grand pour lui, Nkunku a réussi à franchir les marches une à une pour s'imposer comme l'élément indispensable d'une écurie ambitieuse, au point d'avoir été élu joueur de la saison 2021-2022 par ses pairs. Une distinction due à tout sauf au hasard. Sur l'exercice écoulé, Christopher Nkunku, c'est 51 matchs (toutes compétitions confondues) sur 53 possibles, soit 96 % de présence sur l'ensemble de la saison du RB Leipzig. Ajoutez à cela 35 buts (dont 20 en championnat, seul Robert Lewandowski a fait mieux) et 20 passes décisives (dont 15 en championnat, seul Thomas Müller a fait mieux), impossible de ne pas parler d'*impact player*, pour reprendre un terme cher au football moderne. Remercié en décembre 2021 après un début de saison poussif, son ancien entraîneur Jesse Marsch, aujourd'hui à Leeds, résumait la valeur de son joueur avec une phrase aussi simple que flatteuse : « *Christo n'a aucun point faible.* »

Masse décisive

Et pour cause, aujourd'hui placé sur le terrain dans un rôle de deuxième attaquant derrière André Silva et au côté du Suédois Emil Forsberg, Christopher Nkunku est passé par presque tous les postes depuis le début de son parcours : milieu relayeur, latéral, « huit-dix », selon Tuchel qui l'a même utilisé en piston, bref, il ne lui manquait qu'un match entre les bois pour avoir essayé tous les numéros possibles. Le retard de croissance qui le handicapait à Paris est derrière lui. Aujourd'hui, Nkunku fait 1,75 mètre sous la toise et a un physique de Musclor dû à une prise de masse musculaire spectaculaire et qui a fait de lui un monstre physique redoutable. Il fallait au moins ça pour afficher une telle régularité tout au long de la saison, tout en se payant quelques coups d'éclat, à l'image de ce triplé inscrit face à Manchester City en Ligue des champions et qui devait l'envoyer à la première place des buteurs de son club. En dépit de ce parcours personnel hors normes, Leipzig a terminé à une décevante quatrième place en championnat. Suffisant pour retrouver la Ligue des champions néanmoins. Mais le vrai challenge de Nkunku est ailleurs : qu'un jour, les commentateurs allemands arrivent enfin à prononcer son nom correctement.•

Pas très pratique, ce sac à dos…

BUNDESLIGA

1	BAYERN MUNICH	77 POINTS
2	BORUSSIA DORTMUND	69
3	BAYER LEVERKUSEN	64
4	LEIPZIG	58
5	UNION BERLIN	57
6	FRIBOURG	55
7	COLOGNE	52
8	MAYENCE	46
9	HOFFENHEIM	46
10	BORUSSIA M'GLADBACH	45
11	EINTRACHT FRANCFORT	42
12	WOLFSBOURG	42
13	BOCHUM	42
14	AUGSBOURG	38
15	STUTTGART	33
16	HERTHA BERLIN	33
17	ARMINIA BIELEFELD	28
18	GREUTHER FÜRTH	18

Meilleurs buteurs

Robert Lewandowski (Bayern Munich) **35 buts**
Patrik Schick (Bayer Leverkusen) **24**
Erling Haaland (Borussia Dortmund) **22**
Christopher Nkunku (Leipzig) **20**
Anthony Modeste (Cologne) **20**

Meilleurs passeurs

Thomas Müller (Bayern Munich) **18 passes décisives**
Christopher Nkunku (Leipzig) **13**
Moussa Diaby (Bayer Leverkusen) **12**
Marco Reus (Borussia Dortmund) **12**
David Raum (Hoffenheim) **11**
Joshua Kimmich (Bayern Munich) **11**

L'équipe type selon So Foot

Entraîneur : Gerardo Seoane (Bayer Leverkusen)
Gardien : Mark Flekken (Fribourg)
Défenseurs : Patrick Wimmer (Arminia Bielefeld) – Joško Gvardiol (Leipzig) – Nico Schlotterbeck (Fribourg) – David Raum (Hoffenheim)
Milieux : Jude Bellingham (Borussia Dortmund) – Salih Özcan (FC Cologne) – Moussa Diaby (Bayer Leverkusen) – Thomas Müller (Bayern Munich) – Christopher Nkunku (Leipzig)
Attaquant : Robert Lewandowski (Bayern Munich)

Emirates
FLY BETTER
22
46

SERIE A

La mécanique du diable milanais

Arrivé discrètement à Milan,
Giroud a été indispensable dans la conquête du titre.

Seulement quatrième budget de Serie A, à la rue sportivement il y a à peine deux ans, l'AC Milan a réussi à soulever son 19e Scudetto, après avoir coiffé au poteau son grand rival, l'Inter. Un petit exploit, pour un club qui reste éternellement grand.

Ok, le maillot est moche. Mais de là à pleurer des larmes de sang…

Tout avait pourtant si mal commencé. Le 14 juin 2019, Paolo Maldini était nommé directeur technique de l'AC Milan. Le plus grand joueur de l'histoire du club rouge et noir devait piloter la reconstruction d'un monument en péril, incapable d'intégrer le top 5 du championnat italien depuis 2013. Six mois plus tard, le beau Paolo ne semblait encore que pouvoir constater les dégâts : le 22 décembre 2019, l'AC Milan, en perdition en championnat, est humilié 5-0 à Bergame par l'Atalanta. *« On ne sait jamais ce qu'il faut faire dans ces moments-là,* confiait Maldini. *Je ne sais pas si les résultats qui ont suivi sont dus aux mots que l'on a employés, mais nous avons mis les choses au clair avec l'équipe… Et après cette défaite, le propriétaire a permis de faire venir un joueur comme Zlatan au mercato d'hiver. »* Milan finira l'exercice 2019-2020 à fond la caisse, en enquillant 9 succès lors de ses 12 derniers matchs de Serie A. Avant de terminer second du championnat la saison suivante. L'année 2022 s'annonçait donc prometteuse. Elle fut en réalité grandiose, alors que les *Rossoneri* ont conquis un Scudetto qui semblait promis à l'Inter ou à la Juventus.

Petits moyens et grande victoire

Comment ce club – diminué par des années de mauvaise gestion et contraint à la sobriété financière – est-il donc parvenu à réemprunter le sentier de la gloire ? Paolo Maldini y est forcément pour quelque chose. Geoffrey Moncada aussi. Nommé responsable de recrutement de l'AC Milan en décembre 2018, cet ex-coordinateur du *scouting* de l'AS Monaco a eu l'aval de sa direction pour modifier en profondeur la politique sportive du *Diavolo*. Fini les achats onéreux, place aux transferts

Avec chacun 19 Scudetti au compteur, le Milan et l'Inter pourraient bien se livrer une bataille encore plus dantesque lors du prochain exercice.

malins, ciblés via un usage intelligent des statistiques et de l'analyse vidéo. Entre 2019 et l'été 2021, le club recrute entre autres exemples Theo Hernández (20 millions d'euros), Pierre Kalulu (480 000 euros), Brahim Díaz (3 millions) et Olivier Giroud (1 million). Milan se reconstruit aussi tactiquement. Son entraîneur, Stefano Pioli, met au point un 4-2-3-1 adaptable, où les Lombards sont autant capables de prendre le contrôle du jeu que de défendre près de leur surface pour exploser en contre. Le 3 octobre 2021, Maldini annonce déjà la couleur : « *Nous assumons de viser le Scudetto.* » La légende du Milan ne s'y trompe pas : emmené par Mike Maignan, impérial dans ses cages, et Rafael Leão, irrésistible sur son côté gauche (élu meilleur joueur de Serie A), le *Diavolo* ne rate aucun tournant majeur de sa saison. Notamment grâce à Olivier Giroud : auteur d'un doublé salvateur face à l'Inter lors de la 24e journée de Serie A (victoire 2-1), le Français aura été l'un des grands acteurs de ce nouveau titre en championnat.

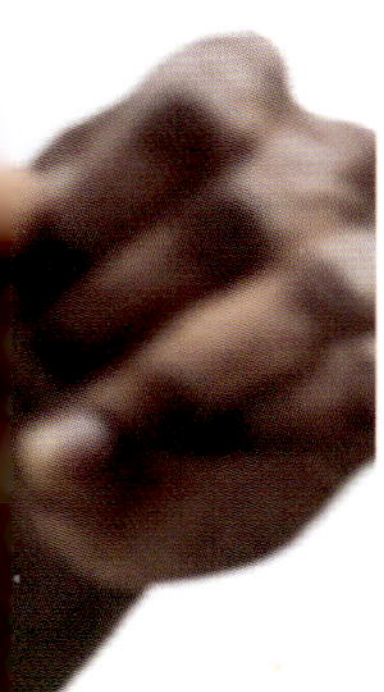

Spectaculaire Inter, la Juve ne répond plus

Premier rôle de la saison, Milan ne fera pas non plus oublier son frère ennemi *interiste*, qui échoue à deux petits points des Rouge et Noir. Toujours joueuse, l'Inter Milan de Simone Inzaghi termine meilleure attaque de Serie A, au terme d'une saison où le foot italien montre qu'il n'a décidément plus rien d'un championnat frileux et conservateur. Au bout de l'exercice 2022, l'élite transalpine grimpe en effet à 2,87 buts par match. Seule la Bundesliga fait mieux (3,12), au sein des cinq grands championnats européens. Un spectacle nourri par un paquet de formations qui n'hésitent pas à miser sur un jeu offensif débridé, de la Lazio de Maurizio Sarri, au Sassuolo d'Alessio Dionisi. C'est d'ailleurs au sein du club *laziale* qu'on retrouve le meilleur buteur du championnat, Ciro Immobile (27 réalisations). Les *Neroverdi* auront, eux, mis sur le devant de la scène l'avant-centre Gianluca Scamacca (16 buts), dont le quasi double mètre et l'adresse face au but auront marqué les esprits. Plus petit joueur de Serie A, Lorenzo Insigne aura, lui, laissé une marque indélébile à Naples, son club formateur, qu'il quitte pour finir sa carrière au Canada, du côté du Toronto FC. L'ailier de poche laisse les *Azzurri* sur un exercice plutôt réussi, conclu par une troisième place. Un cran plus bas, la Juventus décroche le dernier billet pour la Ligue des champions, au bout d'une saison inquiétante, que même le recrutement du phénomène Dušan Vlahovic n'aura pas pu sauver. Catastrophique dans le jeu, la Vieille Dame va devoir se reconstruire sans Paulo Dybala, en fin de contrat avec le club blanc et noir. Mais aussi et surtout sans Giorgio Chiellini qui, à 37 ans, met fin à son aventure *bianconera*, après avoir remporté neuf championnats avec les Piémontais. La suite ? Avec chacun 19 Scudetti au compteur, le Milan et l'Inter pourraient bien se livrer une bataille encore plus dantesque lors du prochain exercice : si l'un des deux clubs lombards l'emporte, il pourra en effet accrocher une seconde étoile à son illustre maillot.•

Ce qu'il faut retenir de

la Serie A 2021 - 2022

Kalidou Koulibaly (Napoli) reste l'un des meilleurs défenseurs d'Europe.

LES 3 TROIS MATCHS MÉMORABLES DE LA SAISON

1. Empoli – Napoli 3-2 (34e journée)

Toujours en embuscade dans la course au Scudetto, le Napoli se fait hara-kiri face à Empoli en concédant trois buts en sept minutes, après avoir mené 2-0.

2. Atalanta – Torino 4-4 (20e journée)

Devant au score grâce à une frappe splendide de Marten de Roon à la demi-heure de jeu, l'Atalanta prend ensuite l'eau en encaissant trois buts. Avant de recoller en fin de match, pour arracher une égalisation épique.

3. Bologne – Inter 2-1 (20e journée)

Le vrai match tournant de la saison. Disputée le 27 avril, cette rencontre en retard de la 20e journée aurait pu permettre à l'Inter de soulever son 20e Scudetto. Il n'en sera rien. Liquéfiés par l'enjeu, les *Nerazzurri* s'inclinent et disent ciao au titre.

Les tops de la saison

1. Domenico Berardi (Sassuolo)
15 buts, 15 passes décisives pour l'ailier noir et vert. Au basket, on appelle ça un double-double. Au football, une saison de patron.

2. Alessandro Bastoni (Inter)
Une belle gueule, des tacles propres et une relance soignée : il est là, le défenseur le plus élégant de Serie A.

3. Kalidou Koulibaly (Napoli)
Après un exercice 2020-2021 contrasté, le colosse sénégalais est redevenu le capo de l'arrière-garde parthénopéenne. Résultat ? Les *Azzurri* ont fini comeilleure défense de la saison, avec l'AC Milan (31 buts encaissés).

4

Avec 27 buts cette saison, Ciro Immobile a été sacré meilleur buteur du championnat italien pour la quatrième fois. Seul le géant suédois de l'AC Milan Gunnar Nordahl, cinq fois *capocannoniere* dans les années 1950, a fait mieux.

31

Comme le nombre de points qui ont permis à la Salernitana d'assurer son maintien en Serie A. Depuis l'instauration de la victoire à trois points, aucune équipe n'avait jusqu'ici réussi à rester dans l'élite italienne avec un total aussi rikiki.

65

Comme le nombre de fois où le Hellas Vérone a fait trembler les filets en Serie A. Ce qui constitue l'exercice le plus prolifique de l'histoire du club de la ville de Roméo et Juliette, qui a fini la saison à une jolie neuvième place.

Les flops de la saison

1. Massimiliano Allegri (Juventus)
Pourtant armé du plus gros budget de Serie A, l'entraîneur *bianconero* ne sait plus faire gagner la Vieille Dame. Encore moins bien la faire jouer au football.

2. L'Atalanta
Le merveilleux projet collectif bergamasque s'est grippé cette année, alors que la *Dea*, huitième, ne jouera pas de compétition européenne pour la première fois depuis 2016-2017.

3. Le Genoa
Solide onzième de Serie A lors du précédent exercice, le Griffon est tombé de son perchoir. Le club *rossoblu*, 19e, retrouvera la Serie B en août prochain, pour la première fois depuis 2007.

Le but de l'année

Luis Alberto (Lazio), face à la Sampdoria, le 7 mai : un râteau pour mystifier Emil Audero, le portier de la Samp, puis une frappe chirurgicale au milieu des jambes des défenseurs adverses. Un pion tout en adresse et en délicatesse, pour un type qui ne s'est décidément pas trompé quand il a choisi le 10 pour numéro de maillot.

Le stoppeur du Torino est passé en quelques années de vendeur de glaces occasionnel à référence du championnat italien, dont il a été élu meilleur défenseur cette saison.

Bremer, l'armoire à glaces

Faire barrage : mode d'emploi.

Il n'en a pas l'air, mais du haut de son mètre 88, Gleison Bremer va vite. « *Aux épreuves athlétiques, il était toujours le premier,* glisse Thiago Larghi, son premier entraîneur en pro, à l'Atlético Mineiro, en 2018. *Sur 60, 80, 100 mètres, il finissait devant tout le monde à chaque exercice…C'était un peu notre Usain Bolt à nous.* » Quatre ans plus tard, ce sont plutôt Victor Osimhen et Dušan Vlahović que le Brésilien, transféré au Torino depuis, relègue loin dans le rétroviseur, en match cette fois-ci. Lors de l'exercice 2021-2022, Bremer est tout simplement le joueur qui a intercepté et récupéré le plus de ballons, comme celui qui a gagné le plus de duels aériens en Italie. Résultat ? Le *Toro*, seulement dixième au classement, a fini cinquième meilleure défense du championnat. La donnée n'a pas échappé à la Lega Serie A, qui a élu sans hésiter le Brésilien meilleur défenseur du championnat cette saison.

Cochons et ballons

Il faut croire que le joueur appartient à cette catégorie de types qui ont la chance d'avoir un destin. Quand il voit le jour le 18 mars 1997, son patronyme, Bremer, lui est donné par son père en hommage à Andreas Brehme, un mythique défenseur allemand notamment vainqueur de la Coupe de l'UEFA en 1991 avec l'Inter Milan. Bremer fait pourtant ses débuts dans le foot très loin de San Siro, dans une petite exploitation agricole située dans l'État de Bahia, où son père officie comme fermier. « *Enfant, je travaillais dur pour l'aider, m'occupant même des animaux qu'il élevait : veaux, vaches, cochons…* » confie le joueur. Quand il ne chouchoute pas le bétail du paternel, le gamin taquine le cuir avec un talent remarqué. À 16 ans, il peut quitter sa campagne pour l'État de São Paulo et rejoindre les équipes de jeunes du Desportivo Brasil. Dans ce petit club professionnel, il lui faut désormais se débrouiller pour espérer voir le bout de sa formation. « *Mes parents n'avaient pas de gros moyens et j'habitais dans une autre ville, donc j'ai dû me retrousser les manches. Je vendais des glaces et je donnais une partie de l'argent que je gagnais à mon entraîneur, pour qu'il puisse payer mes frais de transport quand nous jouions à l'extérieur.* » Reste que ce n'est pas pour ses cornets fraise-vanille que le joueur tape dans l'œil de l'Atlético Mineiro en mars 2017, mais pour ses capacités balle au pied. C'est avec le club de Belo Horizonte que Bremer débute dans l'élite brésilienne, avant de rapidement rejoindre l'Italie et le Torino, alors que le directeur sportif piémontais, Gianluca Petrachi, en pince sévèrement pour lui.

C’est une technique classique : prendre son maillot deux tailles en-dessous pour faire ressortir les muscles.

« ENFANT, JE TRAVAILLAIS DUR POUR AIDER MON PÈRE, M'OCCUPANT MÊME DES ANIMAUX QU'IL ÉLEVAIT : VEAUX, VACHES, COCHONS... »

Gleison Bremer

« J'aime défendre, mais marquer... Il n'y a pas de plus grande joie »

Après un an d'adaptation, le joueur impose son style dans l'axe central turinois, où il règne en patron. Cette saison 2021-2022, il a parfaitement épousé le style de l'entraîneur grenat, Ivan Jurić, qui a organisé le *Toro* dans un 3-5-2 au pressing hyper agressif. *« Avec Jurić, c'est un marquage individuel strict, et donc, l'important, c'est d'abord de remporter ses duels,* analyse Koffi Djidji, partenaire de Bremer en défense centrale au *Toro*. *Sans le ballon, il met l'accent sur l'anticipation pour prendre le cuir avant l'attaquant. Quand on a le ballon, il veut aller de l'avant et si possible apporter le surnombre. »* Très à l'aise pour défendre en avançant, Bremer a donc pu aussi satisfaire son goût pour l'offensive dans le Piémont, alors qu'on l'a vu inscrire 3, 5, puis 3 buts lors des trois dernières éditions de la Serie A. *« J'aime défendre, mais marquer... Il n'y a pas de plus grande joie. Au Brésil, je marquais dans le jeu parce qu'il y avait plus d'espaces. Aujourd'hui, quand je récupère le ballon vers l'avant, j'aime toujours tenter ma chance en me projetant. »* Pour l'instant, cette chance lui sourit. •

SERIE A

1	AC MILAN	86 POINTS
2	INTER MILAN	84
3	NAPLES	79
4	JUVENTUS	70
5	LAZIO	64
6	ROMA	63
7	FIORENTINA	62
8	ATALANTA	59
9	HELLAS	53
10	TORINO	50
11	SASSUOLO	50
12	UDINESE	47
13	BOLOGNE	46
14	EMPOLI	41
15	SAMPDORIA	36
16	LA SPEZIA	36
17	US SALERNITANA	31
18	CAGLIARI	30
19	GENOA	28
20	VENEZIA	27

Meilleurs buteurs

Ciro Immobile (Lazio) **27 buts**
Dušan Vlahović (Fiorentina, puis Juventus) **24**
Lautaro Martínez (Inter Milan) **21**
Giovanni Simeone (Hellas) **17**
Tammy Abraham (Roma) **17**

Meilleurs passeurs

Domenico Berardi (Sassuolo) **13** passes décisives
Hakan Çalhanoğlu (Inter Milan) **12**
Nicolò Barella (Inter Milan) **11**
Rafael Leão (AC Milan) **10**
Luis Alberto (Lazio) **10**
Antonio Candreva (Sampdoria) **10**
Sergej Milinković-Savić (Lazio) **10**

L'équipe type selon So Foot

Entraîneur : **Stefano Pioli (AC Milan)**
Gardien : **Mike Maignan (AC Milan)**
Défenseurs : **Giovanni Di Lorenzo (Naples)**
– Gleison Bremer (Torino)
– Milan Škriniar (Inter Milan)
– Théo Hernández (AC Milan)
Milieux : **Marcelo Brozović (Inter Milan)**
– Nicolò Barella (Inter Milan)
– Sandro Tonali (AC Milan)
Attaquants : **Ciro Immobile (Lazio)**
– Dušan Vlahović (Fiorentina, puis Juventus)
– Rafael Leão (AC Milan)

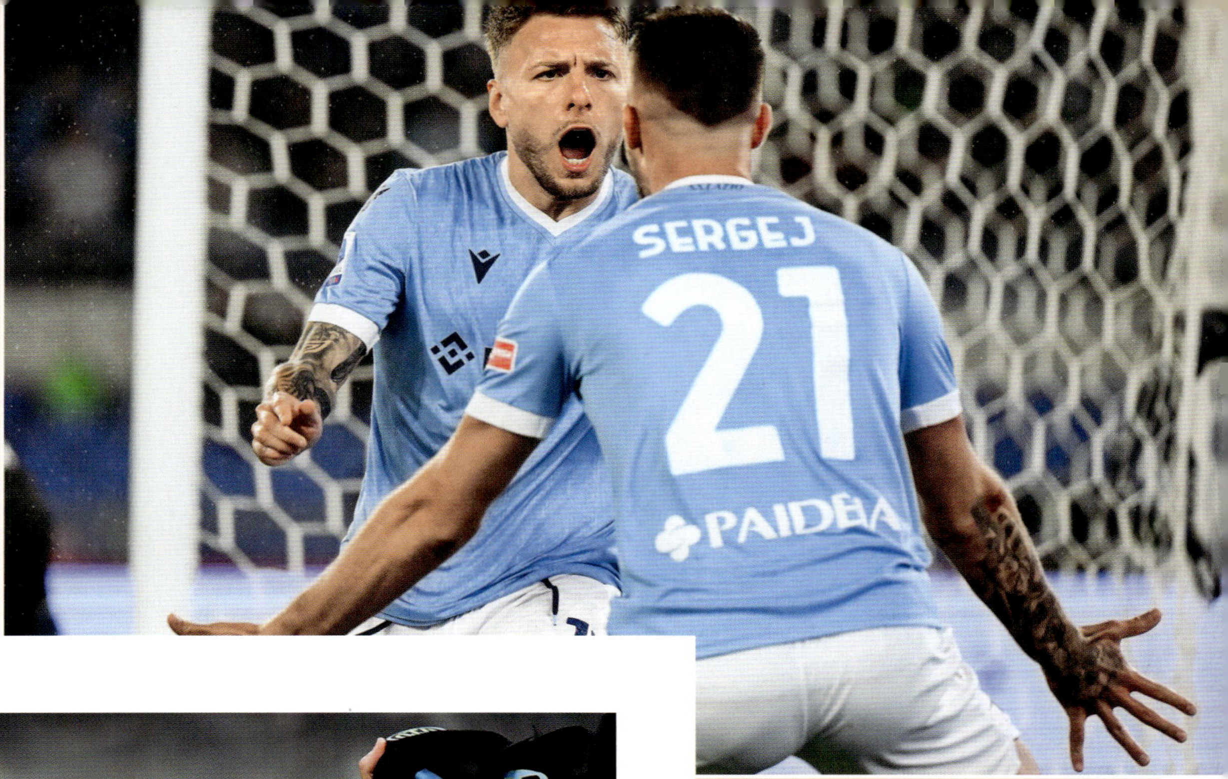
SERGEJ
21

ÉQUIPE DE FRANCE

Mbappé en pleine partie de 1-2-3 soleil.

Les Bleus : un haut et débats

Après l'échec à l'Euro et sur la route d'une Coupe du monde au Qatar où ils tenteront de conserver leur couronne, les Bleus ont gagné un nouveau trophée, la Ligue des nations, mais ont également perdu en certitudes à l'approche de la grande échéance hivernale. En somme, l'équipe de France n'est ni malade, ni en grande forme.

L'équipe de France n'est pas une machine infaillible. L'échec à l'Euro est venu le rappeler, et cette dernière année a confirmé que rien ne sera simple pour la bande à Didier Deschamps, attendue quoi qu'il arrive dans la peau d'un favori au Qatar en tant que tenante du titre. Les Bleus ont pourtant digéré l'élimination contre la Suisse en huitièmes finale de l'Euro (3-3, 4-5 TAB) de la meilleure des manières à l'automne. D'abord en poinçonnant tranquillement leur ticket pour la prochaine Coupe du monde, en terminant en tête d'une poule facile (Bosnie, Finlande, Ukraine, Kazakhstan) ; puis en se consolant avec un trophée et une nouvelle médaille d'or en Ligue des nations, après des succès renversants contre la Belgique (2-3) et l'Espagne (1-2). Il y avait même des airs de Russie 2018 dans cette aventure express, avec une équipe imparfaite et parfois malmenée, mais sauvée par une assurance folle et deux incroyables talents. Seulement, les jours ont passé et les certitudes ont laissé place à l'inquiétude, renforcée par un mois de juin catastrophique (2 points en 4 matchs contre la Croatie, le Danemark et l'Autriche). Le sélectionneur avait annoncé la couleur à *So Foot* quelques jours plus tôt : *« Au très haut niveau, il est très difficile de gagner, mais c'est encore plus compliqué de se maintenir à un niveau élevé. Je l'ai d'ailleurs dit aux joueurs : c'est terrible, mais on ne peut pas faire mieux. On ne peut faire qu'aussi bien. »* Le défi s'annonce immense.

Des cadres dans le dur

Au rayon des doutes, il y a la colonne vertébrale de 2018 qui n'en est plus vraiment une. Il serait de mauvais goût d'écrire que les champions du monde

Christopher Nkunku a marqué des points lors de ses apparitions en Bleu.

2
VOIR

8

21
5
15
8

souffrent d'une scoliose, mais la comparaison n'est peut-être pas si incongrue. Cette année, les rois de Moscou ont perdu de leur influence, en club comme avec l'équipe nationale, et ce constat ne peut pas rassurer le sélectionneur. Hugo Lloris est toujours fiable, mais il doit faire face à la concurrence de Mike Maignan ; Raphaël Varane enchaîne les blessures et n'a pas trouvé sa place à Manchester United ; Paul Pogba et N'Golo Kanté ont également perdu de leur superbe ; Antoine Griezmann est sur le déclin et ne ressemble plus au joueur essentiel qu'il était chez les Bleus entre 2014 et 2018. Les héros d'il y a quatre ans ont encore le temps de se redresser et de retrouver des couleurs au Qatar, mais le spectre de la compétition de trop plane au-dessus des têtes tricolores. Seulement, les petits nouveaux n'ont pas vraiment montré qu'ils avaient les épaules pour prendre leur place, et Deschamps n'est pas du genre à se priver de ses hommes forts. Le seul taulier laissé sur le bord de la route ? Olivier Giroud, seulement convoqué une fois depuis l'Euro, en mars pour pallier le forfait de Karim Benzema, avec quand même deux buts au compteur pour se rapprocher un peu plus du record de Thierry Henry. *« L'idée directrice de 2022 n'est pas celle de 2016 ou de 2018,* a prévenu Deschamps. *Je cherche à m'adapter à la forme des joueurs du moment, ce qui peut alors m'amener à faire évoluer nos options de jeu. »*

« L'IDÉE DIRECTRICE DE 2022 N'EST PAS CELLE DE 2016 OU DE 2018. JE CHERCHE À M'ADAPTER À LA FORME DES JOUEURS DU MOMENT, CE QUI PEUT ALORS M'AMENER À FAIRE ÉVOLUER NOS OPTIONS DE JEU. »

Didier Deschamps

Foire aux systèmes et grand flou

Le technicien qui a fêté ses dix ans à la tête de la sélection pensait avoir trouvé la bonne recette à l'automne avec un schéma en 3-4-1-2 a priori idoine pour associer Griezmann, Benzema et Mbappé, le trio offensif dont tout le monde rêvait en 2021. Plus effacé, mais toujours précieux un peu plus bas sur le terrain, le premier avait laissé ses deux compères faire la différence contre la Belgique et l'Espagne, puis s'éclater face à la Finlande et au Kazakhstan. Seulement, le rassemblement du mois de juin, l'avant-dernier et le plus long avant le Mondial, a semé le trouble dans l'esprit de Deschamps, enquiquiné par une défaite inaugurale contre le Danemark (1-2) et l'usure physique de son groupe au bout d'une saison au rythme démentiel. Ainsi, DD est revenu au 4-4-2 qu'il considère comme le système *« le plus rationnel pour utiliser au mieux la largeur et contrôler les intervalles entre les joueurs »*, et s'est même laissé tenter par le 4-3-3, qui n'a jamais vraiment réussi à son équipe de France. Ce n'est que le début du casse-tête pour le patron des Bleus, qui espère ne pas subir le même sort que quatre des cinq champions du monde en titre au XXIe siècle : sortir dès les poules au Qatar. Au contraire, Deschamps vise un second sacre d'affilée, une prouesse réalisée par seulement deux nations dans l'histoire de la compétition (Italie en 1934 et 1938, Brésil en 1958 et 1962). *« Si tu gagnes, tu as raison, quoi que tu aies fait »*, aime-t-il répéter. Deschamps n'a pas encore eu tort, mais le temps presse. Une chance : pour une fois, la Coupe du monde ne se gagne pas au début de l'été. •

Griezmann, attention au déclin

Indispensable entre 2016 et 2021 dans le groupe de Didier Deschamps, Antoine Griezmann a vu son influence diminuer sur le terrain avec les Bleus. À l'approche de la Coupe du monde au Qatar, il est même devenu un titulaire discutable en sélection.

Antoine Griezmann ne sait plus trop à quelle table il peut s'asseoir.

Il n'est jamais simple d'assister au déclin d'un très grand joueur, surtout quand celui-ci a tutoyé les sommets quelques années plus tôt. Antoine Griezmann ne s'est peut-être pas invité à la table de Lionel Messi et Cristiano Ronaldo, mais il a gagné sa place dans les livres d'histoire de l'équipe de France. La romance avait commencé par des larmes après les échecs au Mondial 2014 et à l'Euro 2016, lors duquel il avait été sacré meilleur joueur du tournoi ; c'était pour mieux monter sur le toit du monde en 2018, en Russie, où le numéro 7 tricolore a été déterminant dans un rôle différent et dans l'ombre de Kylian Mbappé. Et aujourd'hui ? Le mariage semble fragile, après un championnat d'Europe anecdotique et une année écoulée inquiétante, en club comme en sélection. Au point de soulever une question que l'on pensait impossible à poser : Griezmann peut-il perdre sa place de titulaire chez les Bleus ?

Il faut sauver le soldat Grizou

Plus de quatre ans après l'aventure russe, le monument Griezmann, plus de 100 capes au compteur et troisième meilleur buteur de l'histoire de l'équipe de France, n'est plus intouchable. Il n'y a pas si longtemps, l'attaquant se servait de la sélection comme d'une respiration pendant ses mauvaises périodes en club. Ce qu'il n'a pas réussi à faire lors de cet exercice 2021-2022, enchaînant encore et toujours les matchs avec les Bleus en parallèle d'une saison très décevante à l'Atlético de Madrid, mais en perdant de l'influence dans les statistiques (4 buts, 4 passes décisives en 13 apparitions) et sur le terrain. En juin, Grizou a davantage traîné son spleen qu'il ne s'est éclaté au cœur de la quinzaine catastrophique en Ligue des nations. Seul point positif : le *Colchonero* a été ultra-soutenu par le staff et ses potes du groupe France à chaque intervention devant la presse. *« Je connais ses qualités et son mental,* assurait de son côté Didier Deschamps. *Ce n'est pas sa meilleure période, mais ce n'est pas pour autant que je remets en cause ce qu'il est capable de faire. Je sais très bien ce qu'il peut apporter au collectif. »*

Dans le rôle d'avocat de la défense, Karim Benzema a lui aussi été impeccable : *« Il faut également voir les choses qu'il fait. Les replis défensifs, notamment, il aide beaucoup l'équipe. C'est juste un peu de réussite, qu'il va retrouver j'espère, pour nous et pour lui, parce qu'on en a besoin. »* Le 3-4-1-2 travaillé cette dernière année par le sélectionneur a aussi été mis en place pour Griezmann, installé comme métronome derrière la doublette Mbappé-Benzema. Le trio a seulement fait rêver sur le papier, pas sur le terrain et s'est peu à peu transformé en duo, laissant le joueur de 31 ans sur le bas-côté. *« J'ai fait une préparation au Barça qui était complètement différente du jeu de l'Atlético, j'avais besoin de terminer cette saison,* se justifiait-il en juin. *L'an prochain, je la ferai avec l'Atlético et ça ira beaucoup mieux physiquement. »* Le temps passe et presse pour le Mâconnais, dont le statut ne pourra pas le protéger éternellement, surtout que les petits nouveaux Christopher Nkunku et Aurélien Tchouaméni pourraient pousser DD à changer ses plans en vue de la Coupe du monde. Griezmann, lui, a encore le droit de retrouver des couleurs pour attendre un peu avant de mettre un point final à cette belle histoire. •

RÉSULTATS POST-EURO 2020

Qualifications Coupe du monde 2022

01/09/21
France 1-1 Bosnie Herzégovine

04/09/21
Ukraine 1-1 France

07/09/21
France 2-0 Finlande

13/11/21
France 8-0 Kazakhstan

16/11/21
Finlande 0-2 France

Ligue des nations 2021 (Final Four)

07/10/21
Belgique 2-3 France

10/10/21
Espagne 1-2 France

Matchs amicaux

25/03/22
France 2-1 Côte d'Ivoire

29/03/22
France 5-0 Afrique du Sud

Ligue des nations 2022

03/06/22
France 1-2 Danemark

06/06/22
Croatie 1-1 France

10/06/22
Autriche 1-1 France

13/06/22
France 0-1 Croatie

COUPE D'AFRIQUE DES NATIONS

Le Sénégal historique

En remportant sa première Coupe d'Afrique des nations, le Sénégal a écrit la plus belle page de son histoire sportive. Un accomplissement absolu pour l'une des générations les plus talentueuses du continent.

Apparemment, les maillots grattent…

L'immense joie des Sénégalais.

L'année 2022 sera à marquer d'une pierre blanche au Sénégal. Dans l'attente d'un premier sacre en CAN, les Lions de la Téranga ont effectivement conjuré le sort, au Cameroun, pour accrocher une étoile dorée à un palmarès jusque-là vierge. La réussite d'une équipe parvenue à satisfaire les espoirs placés en elle et à faire la différence, devant des favoris décevants.

Des favoris en faillite

Comme à chaque édition, le Sénégal débarquait en qualité de potentiel vainqueur. Une maxime répétée tous les deux ans en Afrique, bien trop souvent évaporée au milieu des nuages de désillusion accompagnant les hommes de Dakar. Dernier fait d'armes : la déroute en finale face à l'Algérie, à l'été 2019. Des désaveux successifs, dont les autres nations n'ont ainsi pas hésité à profiter. En tête de liste, la sélection algérienne donc. Tenants du titre, les Verts étaient attendus, au sortir d'une série de 35 matchs sans défaite et d'une stabilité certaine. Il n'en aura rien été. Plongés dans un groupe pourtant « abordable », aux côtés de la Côte d'Ivoire, de la Guinée équatoriale et de la Sierra Leone, les hommes de Djamel Belmadi auront révélé toutes leurs lacunes en l'espace de deux semaines : des joueurs épuisés (12 sur 28 étaient notamment présents à la Coupe arabe disputée au mois de décembre précédent), un style de jeu stéréotypé et un effectif vieillissant, en fin de cycle.

Autant d'éléments en défaveur d'une Algérie méconnaissable, boutée hors du tournoi dès le premier tour avec un seul point et une triste dernière place de sa poule. De quoi rebattre les cartes pour les autres favoris désignés, à l'instar de l'hôte camerounais ou de l'Égypte.

Les Sénégalais ont abordé cette CAN comme celle de la dernière chance pour la bande à Mané de se hisser en porte-étendard d'un pays en quête de légitimité footballistique.

Mais là également, pas grand-chose ne sera allé dans le bon sens. Adoubés par Samuel Eto'o, devenu président de la fédération, les Camerounais se seront contentés de la troisième place. Aidés par leur public et par un tableau largement à leur portée (Comores et Gambie, rencontrés en huitièmes et quarts de finale notamment), le groupe de Toni Conceição se sera appuyé sur l'expérience de Vincent Aboubakar, meilleur buteur de la compétition avec 8 réalisations, afin de décrocher le bronze. Car sur cette route, c'est l'Égypte et sa solidité caractéristique qui auront joué le rôle d'obstacle. Peu flamboyants, les Pharaons ont en effet brillé par la rugosité d'un style défensif savamment orchestré (les quarts, les demies et la finale joués aux tirs au but), au sein duquel même Mohamed Salah a su se sacrifier. Des automatismes certains, amenant la troupe de Carlos Queiroz jusqu'à cette ultime marche, finalement ravie par le Sénégal.

La récompense de l'histoire

Il faut dire que dans le football, il y a parfois une justice. Frustrés, les Sénégalais ont abordé cette campagne de 2022 comme celle de la dernière chance. L'ultime occasion pour la bande à Mané de se hisser en porte-étendard d'un pays en quête de légitimité footballistique. Un souhait ainsi exaucé par la gestion idéale d'un collectif préparé pour gagner. Le tout dirigé d'une main de maître par Aliou Cissé, sélectionneur aussi pragmatique que prévoyant. Un technicien nourri de ses échecs en tant que joueur, en 2002 face au Cameroun, et sur le banc, en 2019. Pour rendre hommage à cette méthode que Didier Deschamps ne renierait assurément pas, les supporters locaux l'ont dès lors renommé *« Cissé ball »*. Un anglicisme exacerbé, soulignant l'efficacité recherchée par le coach aux dreadlocks et son 4-2-3-1 classique. Et, parfois, au détriment du spectacle, c'est appuyé sur la colonne vertébrale Mendy-Koulibaly-Gueye-Mané que les Blancs ont trouvé la clé. Une campagne débutée poussivement en phase de groupes, avec une seule victoire acquise contre le Zimbabwe, dans le temps additionnel et, qui plus est, sur penalty.

Les deux nuls arrachés devant la Guinée et le Malawi (0 - 0) ouvrant la voie de la phase finale, c'est dans ce cadre éliminatoire que le plein potentiel de cette équipe s'est révélé. La maîtrise est totale : des cartons pleins face au Cap-Vert (2 - 0), à la Guinée équatoriale et au Burkina Faso (3 - 1), pour sept buteurs différents, et une voie royale vers la finale. Une opposition âpre contre l'Égypte, voyant Sadio Mané clouer Salah, malgré un penalty manqué d'entrée, et la séance de tirs au but faire office de dénouement. Peu importe la manière, tant que la victoire y est. Dominateur incontestable, le Sénégal a donc franchi l'ultime étape, en s'adjugeant un sacre historique. Un plafond de verre devenu hantise, brisé par 28 garçons parvenus à faire de cette compétition celle des Lions. Celle des Gaïndés. •

COUPE D'AFRIQUE DES NATIONS

Ce qu'il faut retenir de

la Coupe d'Afrique des nations

Chaker Alhadhur, latéral des Comores, reconverti gardien de but pour dépanner.

La révélation

On peut avoir 33 ans et être une révélation. Cet exploit, le gardien égyptien Abou Gabal « Gabaski » l'a réalisé durant cette CAN 2021 – qui s'est donc jouée en 2022, oui. Remplaçant à l'entame du tournoi, le géant (1,96 mètre) a profité de la blessure du titulaire Mohamed El-Shenawy pour se montrer. D'abord en quarts de finale, face à la Côte d'Ivoire, arrêtant le tir au but décisif d'Éric Bailly, puis en demies contre le Cameroun avec deux nouvelles parades, avant de récidiver en finale devant le Sénégal, arrêtant la tentative de Sadio Mané dans le jeu et celle de Bouna Sarr durant la séance fatidique. Cinq penaltys détournés en trois matchs.

Le mauvais élève

Si cette CAN ne marquera pas les esprits par son organisation, parfois chaotique, la Mauritanie, elle, a pêché sur le terrain. Pour leur deuxième participation consécutive, les Lions du Chinguetti sont en effet totalement passés au travers. Trois défaites pour aucun but marqué (1-0 face à la Gambie, 4-0 contre la Tunisie et 2-0 devant le Mali) et sept pions encaissés en seulement trois matchs. Résultat : une triste, et symbolique, dernière place, pire que la Guinée-Bissau, qui n'a également pas marqué, mais qui aura glané un point.

Le héros

Opposées au Cameroun en huitièmes, les Comores ont dû bricoler. Et pour cause, après des protocoles Covid menés à leur guise par des membres de la CAF, les Comoriens ont été privés de leurs gardiens Ali Ahamada et Moyadh Ousseni, déclarés positifs, ainsi que de Salim Ben Boina, blessé. Ultime solution donc, mettre un joueur de champ dans les buts. Responsabilité assumée avec brio par Chaker Alhadhur, habituel latéral gauche, auteur d'une partie sensationnelle. Pas mal pour sa seule apparition dans la compétition.

Le grand n'importe quoi

La rencontre d'ouverture du groupe F, entre la Tunisie et le Mali a fait le tour du globe. La raison ? L'arbitrage « spécial » de Janny Sikazwe. Menés par les Aigles (1-0), les Tunisiens ont en effet eu la surprise de voir l'officiel siffler la fin du match une première fois à la 85e minute. Rappelé à l'ordre par les 22 acteurs, le Zambien a pourtant récidivé quatre minutes plus tard, avant même l'indication du temps additionnel, entérinant le succès malien. Interrogé, Sikazwe se justifiera en évoquant une insolation, à l'origine de troubles de concentration.

Les bonnes surprises

Le passage de la CAN à 24 équipes, en 2019, a permis de faire émerger plusieurs sélections. Cette édition n'a ainsi pas échappé à la règle, avec les entrées en lice des Comores et de la Gambie. Deux sélections flamboyantes, parvenues à atteindre la phase finale. D'abord les huitièmes pour les Cœlacanthes, au terme d'une victoire de prestige face au Ghana (3-2), puis les quarts pour les Scorpions, parvenus à s'extirper de leur poule face à l'ogre tunisien, avant de s'offrir le scalp de la Guinée au tour suivant.

COUPE D'AFRIQUE DES NATIONS

Super Mané

Le Sénégal vient de glaner sa première Coupe d'Afrique des nations. La conclusion d'un parcours peu spectaculaire, mais maîtrisé de bout en bout, et en grande partie dirigé par son patron : Sadio Mané.

Véritable clé de voûte d'un Sénégal conquérant, Sadio Mané, 30 ans, a été le symbole de cette CAN victorieuse, auréolé d'un niveau de performance rarement atteint. Cela tombe bien, la rareté est souvent gage de qualité. Tantôt génial, parfois frustrant, il a pris son temps avant de devenir l'élément clé du système d'Aliou Cissé. Donnée rentabilisée à son maximum cette saison, à la faveur d'un rendement tout aussi impressionnant à Liverpool. Un premier sacre continental obtenu au mois de février contre l'Égypte, couplé à une finale de Ligue des champions en mai, afin de se hisser au plus haut parmi les maîtres du football africain.

À ce titre, le Casamançais a dû prendre les choses en main. Un rendement pleinement favorable sur le plan personnel (3 buts durant le tournoi) et un statut de leader assumé, au sein d'une équipe au secteur offensif rajeuni. Véritable guide pour des cadres tels que Baldé Keita ou Famara Diédhiou, Mané s'est chargé d'en faire de même avec les jeunes pousses que sont Ismaïla Sarr, Bamba Dieng et Boulaye Dia. Des changements d'hommes n'ayant aucunement altéré les automatismes quasi naturels de l'intéressé, répercutés sur le résultat global d'une formation programmée pour la victoire.

Enfin au sommet

D'abord en campagne de qualifications, achevée avec deux buts et deux passes décisives. Et puis en phase finale donc, au Cameroun, terminant sur le podium des meilleurs buteurs (ex-aequo avec Gabadinho Mhango, Ibrahima Koné et Sofiane Boufal). En équipe nationale, cette saison 2021-2022 aura tout simplement été la plus prolifique de ses 89 capes (10 réalisations, 2 passes décisives) et surtout, le symbole de son influence sans faille sur cet immense collectif. Les performances simples d'un garçon décisif près d'un match sur deux avec les Lions de la Téranga. Brassard de capitaine noué autour du bras, l'avant-centre peut également se targuer d'une aura propre aux plus grands, en témoignent l'accolade et la communion que lui ont accordé ses coéquipiers, au moment de célébrer son but face au Burkina Faso en demi-finales.

Rêver plus grand

Le Sénégalais a également dû faire une nouvelle fois face aux comparaisons avec son collègue de Liverpool Mohamed Salah. Cette année plus que les autres, les deux hommes se seront d'ailleurs tiré la bourre, bien au-delà de l'Angleterre. Car si l'Égyptien a réalisé une campagne domestique pleine, auréolée des statuts de comeilleur buteur de Premier League et de celui de meilleur passeur (13), l'apport de son binôme africain aura été tout aussi faramineux. Il faut dire que les cinq réalisations du Sénégalais en Ligue des champions n'ont pas été de trop pour emmener les *Reds* en finale. Idem pour ses seize pions en Premier League, où il termine deuxième. Un point de bascule, essentiel, pour celui qui est enfin devenu le joueur qu'il souhaitait être aux yeux de ses compatriotes : « *C'est une machine,* se félicite Jürgen Klopp. *Avec Liverpool et le Sénégal, il joue au plus haut niveau possible, et je réalise qu'avoir 30 ans, ce n'est finalement qu'un chiffre pour lui.* » Un joli résumé. La trentaine fringante, Sadio Mané s'est donc obstiné à prouver à ses détracteurs qu'il tenait encore sur ses crampons : Coupe d'Afrique des nations aujourd'hui, légende demain. •

COUPE D'AFRIQUE DES NATIONS 2021

Groupe A

1 Cameroun **7 points**
2 Burkina Faso **4**
3 Cap-Vert **4**
4 Éthiopie **1**

Groupe B

1 Sénégal **5 points**
2 Guinée **4**
3 Malawi **4**
4 Zimbabwe **3**

Groupe C

1 Maroc **7 points**
2 Gabon **5**
3 Comores **3**
4 Ghana **1**

Groupe D

1 Nigeria **9 points**
2 Égypte **6**
3 Soudan **1**
4 Guinée-Bissau **1**

Groupe E

1 Côte d'Ivoire **7 points**
2 Guinée-Équatoriale **6**
3 Sierra Leone **2**
4 Algérie **1**

Groupe F

1 Mali **7 points**
2 Gambie **7**
3 Tunisie **3**
4 Mauritanie **0**

Huitièmes de finale

Burkina Faso **1-1** Gabon (7-6 tirs au but)
Nigeria **0-1** Tunisie
Sénégal **2-0** Cap-Vert
Mali **0-0** Guinée-Équatoriale (5-6 TAB)
Guinée **0-1** Gambie
Cameroun **2-1** Comores
Côte d'Ivoire **0-0** Égypte (4-5 TAB)
Maroc **2-1** Malawi

Quarts de finale

Burkina Faso **1-0** Tunisie
Sénégal **3-1** Guinée-Équatoriale
Gambie **0-2** Cameroun
Égypte **2-1** Maroc (après prolongation)

Demi-finales

Burkina **Faso 1-3** Sénégal
Cameroun **0-0** Égypte (1-3 TAB)

Match pour la 3e place

Burkina Faso **3-3** Cameroun (3-5 TAB)

Finale

Sénégal **0-0** Égypte (4-2 TAB)

Meilleurs buteurs

Vincent Aboubakar (Cameroun) **8 buts**
Karl Toko Ekambi (Cameroun) **5**
Sadio Mané (Sénégal) **3**
Sofiane Boufal (Maroc) **3**
Ibrahima Koné (Mali) **3**
Gabadinho Mhango (Malawi) **3**

Meilleurs passeurs

Collins Fai (Cameroun) **3 passes décisives**
Martin Hongla (Cameroun) **3**
Issa Kaboré (Burkina Faso) **3**
Sadio Mané (Sénégal) **2**
Bertrand Traoré (Burkina Faso) **2**

L'équipe type selon So Foot

Entraîneur : Aliou Cissé (Sénégal)
Gardien : Édouard Mendy (Sénégal)
Défenseurs : Achraf Hakimi (Maroc) – Kalidou Koulibaly (Sénégal) – Edmond Tapsoba (Burkina Faso) – Saliou Ciss (Sénégal)
Milieux de terrain : Blati Touré (Burkina Faso) – Nampalys Mendy (Sénégal) – André-Frank Zambo Anguissa (Cameroun)
Attaquants : Karl Toko-Ekambi (Cameroun) – Vincent Aboubakar (Cameroun) – Sadio Mané (Sénégal)

FC NANTES
FINALE
FFF
7 mai 2022

COUPE DE FRANCE

La fièvre jaune

Vingt-deux ans après son dernier triomphe, le FC Nantes a raflé de nouveau un peu d'argenterie, dépoussiérant ainsi son armoire à trophées. Poussés par tout un peuple, qui a envahi le Stade de France en finale face à Nice (1-0), les Canaris succèdent au PSG. Cette Coupe de France a également été marquée par le sublime parcours de Versailles, pensionnaire de National 2.

En un an, les Canaris sont passés de la crainte de la descente à une victoire en coupe.

Le clapping nantais.

7 mai 2022. Un peu moins d'un an après avoir galéré à se maintenir en Ligue 1 au bout d'une saison 2020-2021 catastrophique, Antoine Kombouaré triomphe au Stade de France face à Nice devant une arène acquise à la cause nantaise. Le coach kanak, grâce à un penalty transformé par Ludovic Blas, vient là d'offrir au FC Nantes son premier trophée depuis 2001, sa première Coupe de France depuis 2000, la quatrième de son histoire. « *Nous venons de nulle part. On pouvait crever et finir en Ligue 2 l'an passé. Là, on va jouer la Ligue Europa et bientôt le Trophée des champions. Vous imaginez l'écart, on a du mal à y croire* », confiait, euphorique, le technicien après le coup de sifflet final.

Pour les supporters

Pour se hisser jusque-là, les Nantais n'ont pas forcément connu un parcours très compliqué. Entre les 32es de finale et la demi-finale contre Monaco, les Canaris ne rencontrent qu'une seule équipe de Ligue 1 : le Stade brestois, effacé 2-0 en huitièmes. Sinon, ils ont dû se défaire de Sochaux (L2), de Vitré (N2) et de Bastia (L2) avant de pouvoir recevoir l'AS Monaco. Les locaux, qui ont mené 2-1 à la 74e avant d'être rejoints au score deux minutes plus tard, poussent les joueurs de la Principauté aux tirs au but. Et la fameuse magie de la Coupe de France prend vie. Rémy Descamps, habituelle doublure d'Alban Lafont, mais titulaire en coupe, sort la première tentative de Ben Yedder, un spécialiste de l'exercice. Tchouaméni envoie la sienne dans les tribunes, ce qui permet aux Nantais, chirurgicaux, de s'envoler pour Saint-Denis.

Atteindre la finale après une saison ratée comme la précédente est déjà une belle satisfaction, et Nicolas Pallois ne s'y trompe pas : « *L'année dernière, on était dans le dur, on a sauvé le club, au barrage.*

« Nous venons de nulle part. On pouvait crever et finir en Ligue 2 l'an passé. Là, on va jouer la Ligue Europa et bientôt le Trophée des champions. On a du mal à y croire. »

Antoine Kombouaré

Les supporters étaient derrière nous, si on peut leur donner un trophée, ce serait super. » La suite ? Le défenseur central sort une finale de très haute volée, et le public nantais, qui s'est déplacé en nombre au Stade de France, pousse ses joueurs jusqu'à la victoire finale contre les Aiglons niçois de Christophe Galtier. Ces derniers sont passés à côté de leur finale, et n'ont pas su bonifier l'exploit qu'a été d'être la première équipe depuis 2014 à éliminer le PSG avant la finale. Après avoir sorti l'OM en quarts, Nice a éliminé Versailles en demies (2-0), la bonne surprise de cette édition de la Coupe de France.

L'épopée de Versailles

Le club pensionnaire de National 2 se permet de sortir Toulouse au Stadium en huitièmes de finale (1-0), alors que les Violets roulent sur la Ligue 2. *« L'enjeu était tel que les pronostics nous donnaient perdants, logiquement. On a prouvé que tout était possible. Je suis fier de mes joueurs. Il faut garder la tête froide »*, jubilait sans trop s'enflammer Youssef Chibhi, l'entraîneur versaillais, après l'exploit. En quarts, les Yvelinois se déplacent à Périgueux, pour y affronter Bergerac, autre club de National 2. En arrachant l'égalisation à la 90e minute (1-1), les Périgourdins sont d'ailleurs les premiers à coller un but aux Versaillais depuis les 64es de finale. Mais les locaux s'inclinent finalement aux tirs au but et laissent leurs adversaires filer en demies. C'est la deuxième demi-finale consécutive pour le gardien du FC Versailles, Dan Delauney, qui gardait déjà les buts du GFA Rumilly Vallières la saison passée. *« Le voir capable de réaliser deux demi-finales consécutives en Coupe de France avec une équipe issue du monde amateur, cela prouve que son potentiel est bel et bien existant et qu'il l'utilise à bon escient »*, analysait Michel Courcel, son entraîneur chez les jeunes du Havre. Cette 105e édition de la Coupe de France a peut-être été celle de l'espoir. L'espoir pour tous les clubs de pouvoir soulever un trophée remporté quasi systématiquement par le PSG depuis 2015. Seul Rennes avait fait chuter les Parisiens en finale en 2019. Les Nantais, eux, ont profité de la déroute des Franciliens plus tôt dans la compétition pour s'adjuger leur premier trophée depuis plus de vingt ans. L'espoir vient peut-être de l'ouest du territoire finalement.•

COUPE DE FRANCE
COUPE DE FRANCE

Ce qu'il faut retenir de la Coupe de France 2021-2022

Le but du tournoi

Alors que son équipe mène déjà 2-0 contre La Roche-sur-Yon en seizièmes de finale, Pham Ba centre depuis la droite vers Makan Traoré, situé au coin gauche de la surface de réparation. Le joueur de Versailles ne se pose pas de question et reprend le ballon d'une volée du gauche en première intention. La frappe est pure, limpide, et finit sa course dans les filets du gardien. La fameuse lumière de Versailles. On aurait également pu mentionner la très belle réalisation de Justin Kluivert contre l'OM, ou bien la frappe lointaine de Ludovic Blas contre Brest.

LA CATASTROPHE

En 32es de finale, l'OL doit se déplacer sur la pelouse du Paris FC. En plein milieu du mois de décembre, seulement quelques semaines après qu'une bouteille a été lancée sur Payet lors de Lyon-Marseille, le stade Charléty devient le théâtre de scènes de violence inouïes. Alors que les deux équipes reviennent sur le terrain après la pause, des supporters lyonnais commencent à balancer des fumigènes sur le public parisien. La situation dégénère dans les tribunes, et l'arbitre renvoie tout le monde aux vestiaires avant même d'avoir donné le coup d'envoi du second acte. Les deux clubs seront finalement éliminés de la compétition.

LE MATCH DE PATRON

Celui de Nicolas Pallois en finale contre Nice, évidemment. Le capitaine nantais mène son équipe comme jamais et se transforme pour l'occasion en Sergio Ramos version Real Madrid. Solide comme un roc, le défenseur central, pas vraiment réputé pour sa finesse technique, se permet même des sorties de balle en roulette zidanesque. Certains peuvent s'écrouler sous la pression ; lui, elle le sublime. Ou alors c'est la pelouse du Stade de France. Dans ce cas, Didier Deschamps devrait penser à l'appeler pour les matchs des Bleus à Saint-Denis.

LA PLUS GROSSE SURPRISE

En janvier 2020, le PSG se dressait face à Linas-Montlhéry, autre club d'Île-de-France, en 32es de finale. Les pensionnaires de R1 ne se font guère d'illusions et sont largement battus (6-0). Deux ans plus tard, l'équipe est montée en N3 et affronte Angers SCO, encore en 32es. Cette fois, les amateurs croquent les pros grâce à un doublé de Pascal Leno. C'est l'avant-dernier match de Paul Bernardoni dans les buts angevins. Passé à Saint-Étienne pendant l'hiver, il réalise un improbable doublé en étant éliminé avec les Verts un mois plus tard par Bergerac, club de N2, en huitièmes de finale.

COUPE DE FRANCE

COUPE DE FRANCE

COUPE DE FRANCE

Seizièmes de finale

Bergerac **0-0** Créteil (5-4, tirs au but)
Jura Sud **1-4** Saint-Étienne
Versailles **4-0** La Roche
Cannes **0-1** Toulouse
Vannes **0-4** Paris SG
Chauvigny **0-3** Marseille
Montpellier **1-0** Strasbourg
Nantes **2-0** Vitré
Brest **3-0** Bordeaux
Thaon **0-1** Reims
Bastia **2-0** Clermont
Lens **2-2** Lille (4-3, TAB)
Quevilly **1-3** Monaco
Nancy **1-1** Rennes (4-3, TAB)
Linas-Montlhéry **3-3** Amiens (3-4, TAB)
Nice – qualifié d'office après les incidents lors de PFC-Lyon

Huitièmes de finale

Bergerac **1-0** Saint-Étienne
Toulouse **0-1** Versailles
Paris SG **0-0** Nice (5-6, TAB)
Marseille **1-1** Montpellier (5-4, TAB)
Nantes **2-0** Brest
Reims **1-1** Bastia (3-5, TAB)
Lens **2-4** Monaco
Nancy **0-2** Amiens

Quarts de finale

Bergerac **1-1** Versailles (4-5, TAB)
Nice **4-1** Marseille
Nantes **2-0** Bastia
Monaco **2-0** Amiens

Demi-finales

Nice **2-0** Versailles
Nantes **2-2** Monaco (4-2, TAB)

Finale

Nice **0-1** Nantes

Meilleurs buteurs

Mohamed Ben Fredj (Auxerre) **5**
Kylian Mbappé (PSG) **5**
Wissam Ben Yedder (Monaco) **5**
Arkadiusz Milik (Marseille) **5**
Tolu Arokodare (Amiens) **5**
Ludovic Blas (Nantes) **5**

L'équipe type selon So Foot

Entraîneur : Antoine Kombouaré (Nantes)
Gardien : Alban Lafont (Nantes)
Défenseurs : Kévin Pham Ba (Versailles) – Jean-Clair Todibo (Nice) – Nicolas Pallois (Nantes) – Quentin Merlin (Nantes)
Milieux de terrain : Pedro Chirivella (Nantes) – Khéphren Thuram (Nice) – Melvyn Vieira (Versailles) – Ludovic Blas (Nantes)
Attaquants : Randal Kolo Muani (Nantes) – Moses Simon (Nantes)

indeed
23

LIGUE EUROPA

L'Eintracht trop fort

Invaincu durant toute la compétition et auteur d'un parcours remarquable, l'Eintracht Francfort s'est adjugé la deuxième C3 de son histoire après celle de 1980. Les Allemands ont triomphé au terme d'une finale remportée aux tirs au but face à des Rangers de retour au (presque) sommet.

Francfort a sorti les muscles.

Les Rangers n'ont pas trouvé la faille en finale.

« *Le football est un sport qui se joue à onze contre onze, et à la fin, c'est l'Allemagne qui gagne.* » Trente-deux ans après, cette phrase mythique de Gary Lineker sonne toujours aussi vrai. Elle colle en tout cas assez bien avec le sacre de l'Eintracht Francfort, à qui il ne pouvait définitivement rien arriver dans cette édition 2021-2022 de la Ligue Europa. Le club d'Evan Ndicka, défenseur français formé à Auxerre, a beau avoir terminé à une quelconque 11e place en Bundesliga, il n'a pas fait dans la dentelle sur la scène européenne. Après avoir régné sur une poule pas si évidente (Olympiakos, Fenerbahçe et Antwerp), les Allemands ont impressionné en éliminant consécutivement le Betis Séville, le FC Barcelone et West Ham, avant de briser les cœurs écossais en finale (1-1, 5-4 TAB). L'ancien du PSG Kevin Trapp, élu homme du match face aux Rangers après avoir réalisé quelques parades de grande classe et détourné le tir au but de l'ancien *Gunner* Aaron Ramsey, n'a pas volé son quart d'heure de gloire. Et voilà comment Francfort s'est offert un second trophée européen après sa victoire en 1980 en Coupe de l'UEFA et a mis fin à 25 ans de disette nationale, les Allemands n'ayant plus remporté cette compétition depuis le sacre de Schalke en 1997. Reste qu'en 2022, le titre de Francfort s'est probablement dessiné en quarts de finale retours sur la pelouse du Barça. Sur le rectangle vert, alors que le 1-1 du match aller n'avait pas spécialement placé l'Eintracht dans une position favorable, les hommes d'Oliver Glasner ont poursuivi leur invincibilité depuis 1970 en terre espagnole en s'imposant avec autorité. Ils ont mené 3-0 – avec notamment une frappe surpuissante du Colombien Rafael Santos Borré (buteur en finale face aux Rangers et auteur du tir au but de la victoire) – avant de voir les Catalans revenir pour du beurre à 3-2 dans les arrêts de jeu.
En tribunes, les supporters allemands ont pris possession du Camp Nou en débarquant à plus de 30 000.

Power Rangers

L'Eintracht Francfort n'a toutefois pas le monopole des supporters en feu. Preuve en est avec les Rangers, finalistes malheureux de cette édition 2022. Pour l'une des rares fois de la saison, les supporters allemands n'ont pas gagné le match des tribunes, faisant jeu égal avec des Écossais bouillants lors de la finale au stade Ramón-Sánchez-Pizjuán de Séville. Il faut dire que les fans des Rangers ne s'attendaient pas à vivre une soirée européenne de sitôt lorsque leur club avait été rétrogradé en quatrième division écossaise en 2012 en raison de problèmes financiers. Oui mais voilà, en dix ans, les Gers ont gravi tous les échelons et ont remporté le championnat écossais en 2021, puis retrouvé la finale de la C3, qu'ils avaient déjà atteinte en 2008 et une défaite face au Zénith Saint-Pétersbourg. Et si en 2012, il était difficile de prédire ce destin aux Rangers, il était aussi compliqué d'imaginer en 2022 les hommes de Giovanni van Bronckhorst – qui a remplacé Steven Gerrard en cours de saison – se hisser jusqu'en finale. Sauf qu'à l'image du meilleur buteur de la compétition James Tavernier – premier défenseur qui termine une Coupe d'Europe avec ce statut depuis Ronald Koeman lors de la saison de C1 1993-1994 –, les Écossais n'ont cessé de créer la surprise. Leurs victimes ? Le Borussia Dortmund, Braga et le RB Leipzig, entre autres. Rien que ça. Le football tient à peu de choses, et il faut rappeler que les Rangers étaient passés tout près de l'élimination dès la phase de groupes, qu'ils ont bouclée avec 8 petits points, soit 8 de moins que l'Olympique lyonnais.

Trois potes et un poteau.

Cela faisait 42 ans que Francfort n'avait pas célébré une victoire en Coupe d'Europe.

Un Olympique lyonnais à deux visages

Pour la défense des Écossais, l'OL a particulièrement brillé durant cette phase de poules, achevée avec 16 points et 16 buts marqués. C'est bien simple, parmi les 8 groupes de cette Ligue Europa, personne n'a fait mieux que l'OL dans ces deux catégories. Et surtout pas l'Olympique de Marseille, reversé en Ligue Europa Conférence après sa troisième place derrière Galatasaray et la Lazio. C'est donc tout naturellement que les espoirs de la France se sont portés sur les coéquipiers de Rayan Cherki, élu joueur de la semaine de la 5e journée. D'autant plus après l'élimination de l'AS Monaco en huitièmes de finale face à Braga. C'était oublier la saison globalement galère vécue par les Rhodaniens, qui se sont fait écraser par West Ham en quarts de finale retours au Groupama Stadium (0-3), après avoir ramené un nul de Londres à l'aller (1-1) malgré une supériorité numérique pendant toute la seconde période. Et voilà comment le rêve de voir (enfin) un club français triompher dans cette C3 s'est brusquement arrêté. S'il fallait un lot de consolation pour le football français, il s'appellerait Christopher Nkunku, qui grâce à sa régularité avec Leipzig, a terminé dans l'équipe type de la saison de Ligue Europa. On sèche ses larmes comme on peut. •

Ce qu'il faut retenir de

la Ligue Europa 2021-2022

DAVID MOYES N'A RIEN PERDU DE SON FOOTBALL

Ancien défenseur central du Celtic, de Bristol City ou encore de Preston North End, David Moyes a pris sa retraite de joueur en 1999. Pour autant, l'actuel entraîneur de West Ham sait toujours utiliser son pied droit, comme il l'a prouvé lors de la demi-finale retour de son équipe face à Francfort. Comment ? En envoyant une reprise de volée à bout portant en direction d'un ramasseur de balle coupable de mettre trop de temps à renvoyer le cuir. Expulsé, le technicien écossais a alors livré les excuses les moins sincères de l'histoire : *« Je m'en excuse, mais il m'a renvoyé la balle très doucement. »* Heureusement qu'il n'est pas avocat.

Barcelone a un problème avec les maillots

Lors de son barrage remporté face au Napoli, le Barça a connu plusieurs mésaventures avec ses liquettes. À l'aller, l'attaquant Ferran Torres a porté un maillot sur lequel il manquait le logo du Barça et celui du sponsor Nike, ce qui ne l'a pas empêché d'inscrire le seul but catalan de la rencontre. Au retour, Ousmane Dembélé, remplaçant au coup d'envoi, s'est rendu compte au moment de son entrée en jeu qu'il n'avait pas enfilé son maillot sous sa chasuble. À la décharge du dribbleur français, reconnaissons que même en février, la météo napolitaine est plutôt clémente.

Patson Daka est un homme pressé

Avant d'être exclu de la compétition par l'UEFA à la suite de l'invasion de l'Ukraine par la Russie, le Spartak Moscou avait réussi à se qualifier pour la phase finale. Et ce, malgré une défaite en poules face au Leicester de Patson Daka, auteur d'un quadruplé (3-4). S'il n'est que le sixième joueur à inscrire au moins 4 buts dans une rencontre de C3, l'attaquant zambien a tout de même inscrit son nom dans le livre des records en inscrivant le triplé le plus rapide de l'histoire de la compétition. En neuf minutes. Et dire qu'à une époque, il formait un duo d'attaque avec Erling Haaland sous le maillot du RB Salzbourg…

L'Espagne ne fait plus peur

À l'image du FC Séville, vainqueur à six reprises de la compétition, la Ligue Europa réussit plutôt bien aux clubs espagnols. Pourtant, cette année, aucune équipe du pays du gaspacho ne s'est invitée dans le dernier carré. Une première depuis 2013. Et les Espagnols n'ont même pas pu compter sur leur voisin portugais qui n'a pas non plus réussi à hisser un club en demi-finales. Et voilà comment pour la première fois depuis 2009, aucun club de la péninsule ibérique ne s'est retrouvé dans le dernier carré. À l'époque, la compétition s'appelait encore Coupe de l'UEFA. Et les Français ne la gagnaient déjà pas.

LIGUE EUROPA

Huitièmes de finale

FC Séville – West Ham **1-0/0-2** (après prolongation)
FC Porto – Lyon **0-1/1-1**
Betis – Eintracht Francfort **1-2/1-1** (AP)
FC Barcelone – Galatasaray **0-0/2-1**
RB Leipzig (qualifié) – Spartak Moscou (forfait)
Atalanta – Bayer Leverkusen **3-2/1-0**
Sporting Braga – Monaco **2-0/1-1**
Rangers – Étoile rouge de Belgrade **3-0/1-2**

Quarts de finale

West Ham – Lyon **1-1/3-0**
Eintracht Francfort – FC Barcelone **1-1/3-2**
RB Leipzig – Atalanta **1-1/2-0**
Sporting Braga – Rangers **1-0/1-3** (AP)

Demi-finales

West Ham – Eintracht Francfort **1-2/0-1**
RB Leipzig – Rangers **1-0/1-3**

Finale

Eintracht Francfort – Rangers **1-1** (5-4 TAB)

Power Ranger bleu.

Meilleurs passeurs

Filip Kostić (Eintracht Francfort) **6 passes décisives**
Ricardo Horta (Sporting Braga) **4**
Florian Wirtz (Bayer Leverkusen) **4**
Iuri Medeiros (Sporting Braga) **4**
Ryan Kent (Rangers) **3**
Pablo Fornals (West Ham) **3**
Moussa Diaby (Bayer Leverkusen) **3**

Meilleurs buteurs

James Tavernier (Rangers) **7 buts**
Karl Toko-Ekambi (Lyon) **6**
Galeno (Braga) **5**
Daichi Kamada (Eintracht Francfort) **5**
Patson Daka (Leicester) **5**

L'équipe type selon So Foot

Entraîneur : Oliver Glasner (Eintracht Francfort)
Gardien : Kevin Trapp (Eintracht Francfort)
Défenseurs : Evan Ndicka (Eintracht Francfort) – Martin Hinteregger (Eintracht Francfort) – Calvin Bassey (Rangers)
Milieux de terrain : James Tavernier (Rangers) – Konrad Laimer (RB Leipzig) – Declan Rice (West Ham) – Filip Kostić (Eintracht Francfort)
Attaquants : Christopher Nkunku (RB Leipzig) – Rafael Borré (Eintracht Francfort) – Karl Toko-Ekambi (Lyon)

TIRANA
FINAL 2022
TIRANA FINAL 2022

LIGUE EUROPA CONFÉRENCE

Ligue Europa Conférence : grande première pour une petite nouvelle !

Dès sa première édition, la Ligue Europa Conférence (C4) s'est fait une (petite) place dans le paysage du football européen. L'AS Roma de José Mourinho, vainqueur du Feyenoord Rotterdam en finale, ne dira pas le contraire. Les clubs français, eux, peuvent se réjouir de la naissance de cette compétition à leur dimension pour essayer de stopper prochainement une interminable disette.

La joie de Nicolò Zaniolo, unique buteur en finale face au Feyenoord.

La C4 : l'essayer, c'est l'adopter !

Quand Andrea Agnelli, président de l'Association européenne des clubs, annonce en septembre 2018 que l'UEFA a donné son feu vert à la création d'une troisième compétition européenne, l'enthousiasme n'est pas de mise. Trois ans plus tard, la Ligue Europa Conférence a vu le jour, et cette première édition a été une belle réussite. Plus qu'une consolante, la petite sœur de la Ligue Europa (C3) – devenue encore plus compétitive en passant à 32 équipes dès la phase de poules – a été une échappatoire pour les grands nostalgiques lassés de retrouver les mêmes affiches chaque année en Ligue des champions. Pas de places réservées aux clubs des championnats les plus puissants et une diversité plaisante, voilà la recette de la C4, créée pour redonner aux « petites » nations du Vieux Continent la possibilité de s'offrir une belle aventure européenne. Une vraie Coupe d'Europe à l'ancienne, avec 24 pays représentés dans les 8 groupes qui ont rythmé le tournoi de septembre à décembre. Il y a eu les retrouvailles avec quelques vieilles connaissances (Partizan Belgrade, CSKA Sofia, PAOK Salonique, Feyenoord) et de jolies découvertes, comme Bodø-Glimt, la sensation norvégienne dont le parcours a pris fin en quarts de finale, alors que l'éclatant succès 6-1 contre la Roma restera dans les mémoires, à commencer par celle de José Mourinho. Ce sont aussi des joueurs que l'on verra peut-être bientôt plus haut : Luis Sinisterra, Cyriel Dessers, Ola Solbakken, Loïs Openda ou encore Pep Biel. Une compétition garantie sans paillettes et bienvenue pour combler les passionnés déprimés par les dérives du ballon rond. Comme quoi, les instances n'ont pas que des mauvaises idées.

La Roma, à jamais la première

Ne comptez pas sur la Roma pour faire de la Ligue Europa Conférence une coupe au rabais. Les tifosi

SAMSIC

romains ont fêté leur sacre sans s'attarder sur la forme du trophée ou l'histoire de la compétition. Le club de la Louve n'avait plus connu la joie de gagner un titre depuis une Coupe d'Italie en 2008. C'est un deuxième triomphe européen, aussi, pour les *Giallorossi*, sachant que le dernier remontait à 1961, à une époque où la C3 s'appelait encore la Coupe des villes de foires. La preuve que même un club du standing de la Roma ne peut pas cracher sur la plus petite des Coupes d'Europe. Contrairement à Tottenham, l'autre favori proclamé de cette édition de C4, la Roma est sortie de la phase de poules, avant de se débarrasser du Vitesse Arnhem, de Bodø-Glimt et de Leicester sur le chemin de la finale. En Albanie, à Tirana, les *Giallorossi* sont difficilement venus à bout de Feyenoord (1-0) grâce à un but de Nicolò Zaniolo dans une rencontre loin d'être inoubliable. Le résultat, lui, a permis à la Roma de sauver une saison durant laquelle elle aura soufflé le chaud et le froid en Serie A, sans parvenir à rivaliser avec les meilleurs (6e, 63 points). C'est aussi la confirmation que José Mourinho n'est pas encore totalement ringard. Près de deux décennies après sa victoire en Ligue des champions avec le FC Porto, le technicien portugais a toujours un lien spécial avec la Coupe d'Europe, et ce n'est pas un hasard s'il les a toutes remportées (5 comme entraîneur principal). Vivement la création d'une quatrième compétition !

À Marseille, personne n'a boudé son plaisir de pouvoir prolonger l'aventure européenne ratée en Ligue Europa avec un repêchage en C4.

Une coupe à la dimension des clubs français ?

L'historique des clubs de l'Hexagone sur la scène européenne ne peut qu'inciter à l'humilité. Aucune coupe d'Europe n'est trop petite pour le football français, et surtout pas la Ligue Europa Conférence. En plus d'être une compétition à la dimension du 5e ou du 6e du championnat, elle peut sauver les miches d'une équipe trop limitée pour sortir des poules en C3. C'est le sort qu'a connu l'Olympique de Marseille lors de cette saison 2021-2022. Après une campagne automnale ratée en Ligue Europa, les Phocéens ont limité la casse avec une 3e place synonyme de repêchage en C4. Trop humiliant ? Personne n'a en tout cas boudé son plaisir de pouvoir prolonger l'aventure européenne sur la Canebière. Au menu de la bande de Jorge Sampaoli : un dernier carré après avoir dégusté Qarabağ, Bâle et le PAOK Salonique. La double confrontation contre Feyenoord en demi-finales (3-2, 0-0) a ensuite montré que cette équipe marseillaise était peut-être davantage à sa place ici qu'en Ligue des champions. Le Vélodrome, lui, n'a pas besoin des étoiles ni des grandes oreilles pour vibrer. Le Stade rennais non plus, d'ailleurs. Les Bretons ont pris leur pied et la première place de leur poule (Tottenham, Vitesse Arnhem, Mura) avant de trébucher sur Leicester dans un huitième de finale aller-retour frustrant (2-0, 1-2). Même à ce niveau, la marche était trop haute, et cela montre qu'à l'exception du Paris Saint-Germain, aucun club français, même l'OL ou Monaco, n'aurait le droit de snober la Ligue Europa Conférence. •

LIGUE EUROPA CONFÉRENCE

Huitièmes de finale

FC Séville – West Ham **1-0/0-2** (après prolongation)
FC Porto – Lyon **0-1/1-1**
Betis – Eintracht Francfort **1-2/1-1** (AP)
FC Barcelone – Galatasaray **0-0/2-1**
RB Leipzig (qualifié) – Spartak Moscou (forfait)
Atalanta – Bayer Leverkusen **3-2/1-0**
Sporting Braga – Monaco **2-0/1-1**
Rangers – Étoile rouge de Belgrade **3-0/1-2**

Quarts de finale

Leicester – PSV Eindhoven **0-0/2-1**
Bodø/Glimt – AS Rome **2-1/0-4**
Feyenoord Rotterdam – Slavia Prague **3-3/3-1**
Marseille – PAOK **2-1/1-0**

Demi-finales

Leicester – AS Rome **1-1/0-1**
Feyenoord Rotterdam – Marseille **3-2/0-0**

Finale

AS Rome – Feyenoord Rotterdam **1-0**

Meilleurs buteurs

Cyriel Dessers (Feyenoord Rotterdam) **10 buts**
Tammy Abraham (AS Rome) **9**
Luis Sinisterra (Feyenoord Rotterdam) **6**
Yira Sor (Slavia Prague) **6**
Ola Solbakken (Bodø/Glimt) **6**

Meilleurs passeurs

Erik Botheim (Bodø/Glimt) **4 passes décisives**
Pep Biel (FC Copenhague) **4**
Eli Dasa (Vitesse Arnhem) **4**
Nicolò Zaniolo (AS Rome) **4**
Rick Karsdorp (AS Rome) **4**

L'équipe type selon So Foot

Entraîneur : José Mourinho (AS Rome)
Gardien : Rui Patrício (AS Rome)
Défenseurs : Lutsharel Geertruida (Feyenoord Rotterdam) – Chris Smalling (AS Rome) – Gernot Trauner (Feyenoord Rotterdam) – Tyrell Malacia (Feyenoord Rotterdam)
Milieux de terrain : Lorenzo Pellegrini (AS Rome) – Dimitri Payet (Marseille) – Kiernan Dewsbury-Hall (Leicester) – Luis Sinisterra (AS Rome)
Attaquants : Cyriel Dessers (Feyenoord Rotterdam) – Tammy Abraham (AS Rome)

19
HENRY
6
VICAT
AliExpress
28
VCAT

D1 FÉMININE

À l'aise comme les Lyonnaises !

L'Olympique lyonnais a sifflé la fin de la récréation en reprenant la main en D1 Arkema. Invaincues tout au long du championnat, les Fenottes ont ramené le PSG sur terre. Une issue qui semblait d'autant plus irrémédiable que le club de la capitale a connu bien des déboires extrasportifs.

L'OL féminin a déjà 15 titres de champion de France.

La joueuse du PSG Kheira Hamraoui.

La polémique de la saison

Revenue au PSG à l'été 2021, auréolée d'un triplé historique avec le Barça, Kheira Hamraoui a très vite déchanté. L'agression dont elle est victime début novembre déclenche une avalanche. Suspectée d'être derrière le guet-apens, sa coéquipière Aminata Diallo passe en garde à vue, avant d'être relâchée. Le vestiaire devient une poudrière. L'avocat d'Hamraoui dénonce un « harcèlement moral » de la part de plusieurs joueuses, et le vase finit par déborder. En avril, KH14 est écartée du groupe après une altercation avec Sandy Baltimore. Et que dire des remous liés à la révélation de sa relation extraconjugale avec Éric Abidal… Avec tout ça, on en oublierait presque que le PSG a gagné la Coupe de France.

Les championnes

22 journées, 21 victoires. Détrônées l'an passé, les Lyonnaises ont repris place au sommet. Seul accroc : un nul 1-1 chez les voisines stéphanoises. Leurs grandes rivales du PSG ont pris un uppercut au Groupama Stadium en novembre (6-1), avec un doublé d'Ada Hegerberg, revenue de quasiment deux ans de blessure. Comme un symbole de cette passation de pouvoir, les joueuses de Sonia Bompastor ont officialisé leur titre lors de l'avant-dernière journée en s'imposant 1-0 à Jean-Bouin, le stade parisien. Meilleure attaque et meilleure défense, avec 79 buts marqués pour 8 encaissés, l'OL a remis les pendules à l'heure en décrochant son 15e titre sur les 16 dernières saisons. Monumentales.

La joueuse de l'année

Pour la troisième fois déjà, Marie-Antoinette Katoto a terminé meilleure buteuse de D1 Arkema (18 réalisations). Son doublé contre Guingamp lui a notamment permis de devenir la meilleure gâchette de l'histoire du PSG, à seulement 23 ans, en dépassant les 131 buts de Marie-Laure Delie. Elle a aussi répondu présent en Coupe de France en marquant contre l'OL en huitièmes, en inscrivant un doublé en demies alors que Fleury menait 2-0, et en plantant un triplé à Yzeure en finale. Pour couronner le tout, l'internationale tricolore a été élue joueuse du championnat aux Trophées UNFP. *Big MAK !*

L'électron libre

En terminant troisième, le Paris FC a obtenu son meilleur classement depuis 2014-2015, quand le club portait encore le nom de Juvisy. En grande partie grâce à Clara Mateo. L'attaquante de 24 ans a claqué 11 buts et offert 6 passes décisives, ce qui lui a valu le titre de joueuse du mois de février et une place dans l'équipe type du championnat, au milieu de sept Parisiennes et trois Lyonnaises. Jolie performance.

La recrue bien sentie

Arrivée en janvier 2021 à l'OL en provenance de l'équipe universitaire de Stanford, Catarina Macario s'est montrée à la hauteur des attentes pour sa première saison complète avec 14 buts en D1 Arkema. Surtout, elle a fait la différence lors de la double confrontation cruciale face au PSG, en ouvrant le score à l'aller et au retour. Des buts qui pèsent lourd. *Cat's Eyes*.

Catarina Macario (14 buts avec l'OL en D1).

Le coup de l'ascenseur

La saison noire de l'AS Saint-Étienne s'est aussi accordée au féminin. Promues en D1, les Vertes n'ont pas fait long feu dans l'élite en ne glanant que sept petits points. Ému aux larmes après le dernier match, l'entraîneur Jérôme Bonnet, arrivé au club en 2012, a été remplacé. Qui de la section féminine ou masculine de l'ASSE reviendra le plus vite dans l'élite ?

La belle surprise

Ici c'est… Fleury ! Quatrièmes du championnat et demi-finalistes de la Coupe de France, les Floriacumoises ont réalisé la meilleure saison de leur histoire. Mention spéciale pour la capitaine Léa Le Garrec, la pointe polonaise Nikola Karczewska (9 buts) et l'Ivoirienne Rosemonde Kouassi, élue joueuse du mois de mars. Sans oublier le coach du club basé à Fleury-Mérogis, Fabrice Abriel. Patrick Balkany était dans le coin, mais manque de bol, il ne voyait pas grand-chose depuis sa cellule.

La pionnière de l'année

Sara Björk Gunnarsdóttir fait figure de pionnière en D1 Arkema. L'Islandaise a mis sa carrière sur pause pour donner naissance à un petit Ragnar en novembre. Soutenue par l'OL, elle a retrouvé la compétition le 18 mars lors du succès 3-0 contre Dijon, 373 jours après son dernier match. « *Je veux inspirer les femmes, qu'elles ne soient pas effrayées en se disant qu'en faisant une carrière, il n'est pas possible de fonder une famille.* » Le message est passé.

D1 ARKEMA

1	LYON	64 POINTS
2	PARIS SG	53
3	PARIS FC	50
4	FLEURY	43
5	MONTPELLIER	35
6	BORDEAUX	35
7	REIMS	33
8	GUINGAMP	17
9	SOYAUX	16
10	DIJON	15
11	ISSY	13
12	SAINT-ÉTIENNE	7

Meilleures buteuses

Marie-Antoinette Katoto (Paris SG) **18 buts**
Catarina Macario (Lyon) **14**
Kadidiatou Diani (Paris SG) **13**
Melvine Malard (Lyon) **13**
Clara Matéo (Paris FC) **11**

Meilleures passeuses

Sandy Baltimore (Paris SG) **13 passes décisives**
Selma Bacha (Lyon) **9**
Sara Däbritz (Paris SG) **9**
Katja Snoeijs (Bordeaux) **9**
Clara Matéo (Paris FC) **8**
Daphne Corboz (Paris FC) **7**
Gaëtane Thiney (Paris FC) **7**

L'équipe type selon So Foot

Entraîneur : Sonia Bompastor (Lyon)
Gardienne : Cosette Morché (Issy)
Défenseuses : Ashley Lawrence (Paris SG) – Wendie Renard (Lyon) – Paulina Dudek (Paris SG) – Selma Bacha (Lyon)
Milieux : Catarina Macario (Lyon) – Sara Däbritz (Paris SG) – Melchie Dumornay (Reims)
Attaquantes : Clara Matéo (Paris FC) – Marie-Antoinette Katoto (Paris SG) – Kadidiatou Diani (Paris SG)

AEROREADY
adidas

LIGUE DES CHAMPIONS FÉMININE

Ce qu'il faut retenir de

La Ligue des champions féminine 2021-2022

Avant la finale, la cheffe de file de l'Olympique lyonnais Ada Hegerberg avait clamé vouloir poser *« des standards »* afin de *« mettre le football féminin à l'ordre du jour »*. Si les filles de Sonia Bompastor se sont emparées de leur huitième Ligue des champions, l'institution rhodanienne peut se targuer d'avoir en plus tiré vers le haut tout le football européen, pour une C1 historique, tant par son niveau que par l'intérêt qui lui a été porté.

Le Camp Nou a battu des records d'affluence pour un match de foot féminin.

Depuis 2010, l'OL a gagné huit fois la C1 et perdu deux finales.

Un titre historique

L'OL d'Ada Hegerberg a brillamment récupéré son trophée chéri en faisant voler en éclats le FC Barcelone, tenant du titre, 3-1. Après un but complètement dingue d'Amandine Henry qui annonce la couleur aux *Blaugrana*, Ada Hegerberg achève le travail d'un but et d'une passe décisive qui assomment les filles de Jonatan Giráldez dès la mi-temps. Après un parcours sans faute, les filles de Sonia Bompastor viennent faire taire ceux qui voyaient déjà le Barça en ogre du football européen, et s'amusent de leur étiquette d'outsiders qu'avaient voulu leur coller les journalistes espagnols.

La joueuse

Alexia Putellas, qui, malgré son statut de Ballon d'or et ses performances, n'est connue que de la moitié des Espagnols, est sans doute le nom du football féminin qui a le plus fait parler cette saison, derrière celui de Hamraoui. Ex-coéquipière de la Parisienne, celle qui n'est que milieu de terrain termine meilleure buteuse de la compétition (avec 11 buts en 10 matchs), et meilleure vendeuse de maillot les soirs de Ligue des champions au Camp Nou, devant les stars de l'équipe masculine.

Le record

À défaut de s'être offert un doublé européen, le FC Barcelone peut se vanter d'avoir pété le record d'affluence pour un match de football féminin, au terme d'une opération de com' rondement menée. À tel point que les Catalanes ont battu par deux fois le précédent, lorsque le match États-Unis-Chine attirait 90 185 personnes en Coupe du monde 1999. 91 553 spectateurs pour le *Clásico* face au Real Madrid en quarts de finale retours au Camp Nou, puis 95 de plus lors de la demi-finale aller contre Wolfsburg, pour un record fixé à 91 648, qui sera difficile à aller chercher, même pour l'OL.

La centenaire

La capitaine lyonnaise Wendie Renard est la seule et unique joueuse à cumuler 100 apparitions en Ligue des champions féminine, qu'elle a découverte pour la première fois lors de la saison 2007-2008. Symbole d'une domination de l'OL qui dure, elle a depuis remporté chacun des huit trophées européens du club rhodanien, en plus de celui que lui a remis symboliquement Jean-Michel Aulas le soir de la demi-finale de Ligue des champions contre le PSG. Et évidemment, elle en a profité pour fêter ça avec son 31e but de la compète, bien qu'elle soit toujours défenseuse centrale.

LE DRAME

Club formateur de Tanya Romanenko, unique joueuse ukrainienne évoluant en D1 Arkema, le Zhytlobud-1 Kharkiv vivait sa huitième participation en Ligue des champions féminine cette saison, prenant place dans un groupe très relevé aux côtés du Real Madrid et du PSG. Avec deux buts marqués pour quinze encaissés, les Ukrainiennes ont surtout joué là leurs derniers matchs de la saison, avant que bon nombre d'entre elles ne fuient le pays à la suite de l'invasion russe. Le club ayant été totalement détruit par les bombardements ennemis, la plupart vivotent aujourd'hui à l'étranger, jouant dans des ligues amatrices, car leurs contrats n'ont pu être résiliés dans la précipitation.

LA BOULETTE

La gardienne tchèque du PSG féminin, Barbora Votíková, a enchaîné trois fautes sur trois arrêts déterminants face à l'OL lors de la demi-finale aller et a enfoncé à elle seule son équipe (défaite 3-2). Elle concède d'abord un premier penalty à la suite d'un ballon relâché qui termine dans les pieds de Malard, qu'elle vient balayer dans sa surface pour essayer de rattraper sa bourde. Puis un second but sur une relance plein axe… pour Ada Hegerberg qui envoie Macario la rendre coupable d'une nouvelle faute de main. L'Américaine va même s'offrir un doublé qu'elle ne pensait sans doute jamais inscrire. En pleine course vers le but, elle est stoppée par la défense parisienne avant que la gardienne, se refusant à capter le ballon avec les mains, laisse celui-ci lui passer entre les jambes, sur fond de mésentente avec Paulina Dudek. Et même si Barbora Votíková revient à temps pour stopper le ballon sur sa ligne, Catarina Macario qui a bien suivi n'a donc plus qu'à pousser au fond des filets. Le calvaire ne s'arrêtera pas là pour la Tchèque, puisqu'elle se fait les croisés au match retour, en ratant un contrôle devant ses cages.

LA RÉVÉLATION

La meilleure latérale de tout l'Olympique lyonnais. Meilleure passeuse de la compétition et meilleure jeune joueuse, Selma Bacha est la révélation de cette saison du côté de l'OL, où une place de vedette était vacante en raison des nombreuses absences. À tout juste 21 ans, la néo-internationale française compte déjà quatre Ligues des champions à son palmarès, en plus d'avoir contraint l'internationale Sakina Karchaoui à s'exiler au PSG pour trouver du temps de jeu.

LA RÉVOLUTION

C'était la Ligue des champions des grands chiffres. Des dotations d'abord, quadruplées par l'UEFA à partir de cette édition, pour un total de près de 24 millions d'euros à se partager entre les équipes participantes. Et de la visibilité. La plateforme britannique DAZN, qui s'est offert les droits télévisuels de la compétition, a fait exploser le nombre de visionnages à plus de 60 millions entre son propre service et sa chaîne YouTube gratuite et dédiée à la Ligue des champions féminine. Avec des programmes diffusés dans 210 pays en espagnol, anglais, allemand et français, la marque devient le chevalier blanc du sport féminin, estimant qu'il y avait une dette « *presque historique* » envers celui-ci.

LIGUE DES CHAMPIONS FÉMININE

Quarts de finale

Real Madrid – FC Barcelone **1-3/2-5**
Arsenal – Wolfsburg **1-1/0-2**
Juventus – Lyon **2-1/1-3**
Bayern Munich – Paris SG **1-2/2-2**

Demi-finales

FC Barcelone – Wolfsburg **5-1/0-2**
Lyon – Paris SG **3-2/2-1**

Finale

FC Barcelone – Lyon **1-3**

Meilleures buteuses

Alexia Putellas (FC Barcelone) **11 buts**
Tabea Waßmuth (Wolfsburg) **10**
Catarina Macario (Lyon) **8**

L'équipe type selon So Foot

Entraîneur : Sonia Bompastor (Lyon)
Gardienne : Christiane Endler (Lyon)
Défenseuses : Griedge Mbock Bathy (Lyon) – Wendie Renard (Lyon) – Mapi León (FC Barcelone) – Selma Bacha (Lyon)
Milieux de terrain : Catarina Macario (Lyon) – Patri Guijarro (FC Barcelone) – Amandine Henry (Lyon)
Attaquantes : Alexia Putellas (FC Barcelone) – Ada Hegerberg (Lyon) – Marie-Antoinette Katoto (Paris)

SAGRES
SAGRES
SAGRES
SAGRES
SAGRES
SAGRES
bwin
PEPÊ

RESTE DU MONDE

TOUR DU MONDE

TOUR DU MONDE

Ce qu'il faut retenir du foot

un peu partout ailleurs sur Terre

L'Union saint-gilloise à deux doigts de créer la sensation en Belgique, le FC Porto en mode record, le Wydad roi d'Afrique... Il s'est passé bien des choses sur la planète football cette année.

Belgique

Absente de l'élite pendant 48 ans, l'Union saint-gilloise a retrouvé la D1 en crevant l'écran. Leader à l'issue de la saison régulière, le club bruxellois a longtemps cru au sacre... avant que le FC Bruges ne lui grille la politesse lors des play-offs. Troisième titre consécutif pour la bande de Simon Mignolet, qui a comblé ses 12 points de retard grâce à un sprint final époustouflant (12 victoires et 2 nuls sur les 14 dernières journées). Rien ne sert de courir...

Danemark

Troisième de l'exercice 2020-2021, le FC Copenhague a repris place au sommet du championnat danois. Malgré neuf points d'avance, les *Løverne* ont joué avec le feu en voyant Midtjylland revenir à une seule unité avec trois journées à disputer. Un coup de chaud, mais pas de malaise, puisqu'ils ont tenu bon pour décrocher le 14e titre national de leur histoire, trois ans après le dernier, dans le sillage de l'Espagnol Pep Biel, élu meilleur joueur de Superligaen. Le Biel et les bêtes.

Écosse

Le Celtic a commencé sa saison lentement. Très lentement même, puisqu'il n'affichait que 10 points après 7 matchs. Mais une fois la machine lancée, personne n'a réussi à la stopper. Les *Hoops* ont enchaîné 31 journées sans connaître la défaite, en collant au passage un 3-0 aux Rangers dans le Old Firm. Au bout, un 52e titre de champion d'Écosse, le 10e sur les 11 dernières saisons, avec quatre points d'avance sur les Gers. Glasgow repasse au vert.

Portugal

Les Dragons ont retrouvé tout leur feu. Mis à l'amende par le Sporting en 2020-2021, le FC Porto a pris sa revanche en renouant avec le titre. Et pas n'importe comment : en établissant un nouveau record de points (91). Pas trop perturbés par le départ de Luis Díaz en janvier, les hommes de Sérgio Conceição ont aussi soulevé la Coupe du Portugal. Cerise sur le gâteau : ils ont poussé leur série d'invincibilité en championnat, entamée en novembre 2020, jusqu'en avril 2022 (soit 58 matchs consécutifs). Du lourd.

Ligue des champions de la CAF

La *Casa Blanca* a triomphé en Europe, et Casablanca l'a fait en Afrique. Le Wydad a mis fin au règne d'Al Ahly, double tenant du titre, en s'imposant 2-0 contre le géant égyptien le 30 mai. Le héros ? Zouhair El Moutaraji, qui a enflammé le stade Mohamed V avec son doublé. Coup de chapeau, aussi, au coach Walid Regragui, ancien défenseur de Toulouse, Ajaccio et Grenoble. Le Wydad compte désormais trois titres de champion d'Afrique, autant que son rival du Raja. C'est le WAC que j'préfère.

Suisse

Du neuf avec du vieux. Dominée chaque année par le FC Bâle ou les Young Boys depuis 2010, la Super League a cette fois-ci couronné le FC Zürich. Six ans après sa relégation, le FCZ a déjoué les pronostics, bien aidé par les 20 buts du Gambien Assan Ceesay et par la révélation du nouvel international italien Wilfried Gnonto. Un sacré retour en force, d'autant que les Zurichois avaient pris une piteuse huitième place en 2020-2021… alors que le championnat ne compte que dix équipes.

Pays-Bas

Le *mano a mano* entre l'Ajax et le PSV a duré jusqu'à l'avant-dernière journée... et il a tourné en faveur des Lanciers. Sébastien Haller, meilleur buteur d'Eredivisie, et Dušan Tadić, meilleur passeur, ont fait des misères à toutes les défenses. Y compris celle du PSV, battu 5-0 à la Johan Cruyff Arena, puis 2-1 au Philips Stadion. Le club d'Eindhoven a au moins pu se consoler un peu en remportant la coupe… au détriment de l'Ajax, tant qu'à faire.

Ligue des champions de la CONCACAF

L'Oncle Sam *is back*. Seattle a mis fin à 16 ans d'emprise des clubs mexicains sur la Ligue des champions de la CONCACAF en mai. Les Sounders ont ajouté cette ligne à leur palmarès en écartant le New York City FC (vainqueur de la MLS en 2021), puis l'UNAM (2-2 à Mexico, 3-0 à Seattle). Ruidíaz et Nicolás Lodeiro ont partagé le costume de héros en inscrivant les cinq buts des Sounders lors de cette double confrontation finale face aux Pumas. De quoi donner un peu plus d'éclat encore à la Cité émeraude.

Chine

Le Jiangsu Suning, champion en titre, s'est évaporé en raison de problèmes financiers. Le Shandong Taishan ne s'est pas fait prier pour monter sur le trône de la Chinese Super League. La remise du trophée le 4 janvier a permis à Marouane Fellaini (sans sa touffe légendaire) de kiffer, et au Brésilien Moisés d'exhiber ses tatouages... Tant pis si la scène n'a pas plu au gouvernement chinois, qui a interdit les tattoos aux joueurs de l'équipe nationale. Il n'allait quand même pas se couper le bras.

Ukraine

Le championnat s'est logiquement arrêté à la suite de l'invasion du pays par l'armée russe. Une saison sans champion, ni relégation. Le classement final, tout de même utilisé pour distribuer les tickets européens pour 2022-2023, est donc resté le même qu'au soir de la 18e journée, avec le Shakhtar en tête, deux points devant le Dynamo Kiev. Les deux cadors ont ensuite mené une tournée pour la paix entre avril et mai, histoire de lever des fonds et maintenir les joueurs en condition. *Peace and love.*

Roumanie

Et de cinq ! Le CFR Cluj a dominé la Liga 1 pour la cinquième saison de rang, décrochant ainsi le huitième titre de champion de son histoire. Les *Ceferiștii* ont pris les commandes du classement dès la troisième journée, pour ne plus jamais les lâcher et franchir la ligne d'arrivée avec un petit point de plus que le FCSB. Cluj à la fête, pendant que le Dinamo Bucarest sombrait pour la première fois en D2. Les Chiens rouges ne font plus peur…

TOUR DU MONDE
TOUR DU MONDE

—

Éditeur
Marabout

Directeurs de publication
Éric Karnbauer (So Press) et Benoît Bontout (Marabout)

Rédacteurs en chef
Pierre Maturana et Matthieu Pécot

Ont participé à ce livre
Matteo Amghar, Quentin Ballue,
Adel Bentaha, Léo Tourbe, Clément Gavard,
Steven Oliveira, Matthieu Darbas,
Adrien Candau, Alexandre Aflalo,
Raphaël Brosse, Julien Duez,
Anne-Élise Carreau

Directrice artistique
Isabelle Laydier Kristensen

Secrétaire de rédaction
Julie Canterranne

Iconographie
Icon Sport

Pour l'éditeur, le principe est d'utiliser des papiers composés de fibres naturelles, renouvelables, recyclables et fabriquées à partir de bois issus de forêts qui adoptent un système d'aménagement durable. En outre, l'éditeur attend de ses fournisseurs de papier qu'ils s'inscrivent dans une démarche de certification environnementale reconnue.

PAPIER À BASE DE FIBRES CERTIFIÉES

hachette s'engage pour l'environnement en réduisant l'empreinte carbone de ses livres. Celle de cet exemplaire est de :
1,909 kg éq. CO_2
Rendez-vous sur www.hachette-durable.fr

5206111
ISBN : 978-2-501-17110-6
Dépôt légal : septembre 2022
Achevé d'imprimer par PPO en France